「育てにくさ」に寄り添う支援マニュアル
子どもの育てにくさに困った親をどうサポートするべきか

監修 小枝達也 鳥取大学地域学部地域教育学科，鳥取大学附属小学校

編集 秋山千枝子 あきやま子どもクリニック
橋本創一 東京学芸大学教育実践研究支援センター
堀口寿広 国立精神・神経医療研究センター精神保健研究所社会精神保健研究部

診断と治療社

執筆者一覧

■ 監修者

小枝達也　鳥取大学地域学部地域教育学科　教授・鳥取大学附属小学校　校長

■ 編集者

秋山千枝子　あきやま子どもクリニック　院長
橋本創一　東京学芸大学教育実践研究支援センター　准教授
堀口寿広　国立精神・神経医療研究センター精神保健研究所

■ 分担執筆者（五十音順，肩書き省略）

秋山千枝子　あきやま子どもクリニック
大塚ゆり子　斎藤小児科医院
川崎知己　杉並区立荻窪小学校
京林由季子　岡山県立大学保健福祉学部保健福祉学科
小枝達也　鳥取大学地域学部地域教育学科，鳥取大学附属小学校
斉藤敦子　三鷹市健康推進課
佐藤典子　三鷹市立新川保育園
東海林夏希　社会福祉法人雲柱社賀川学園
杉山　静　三鷹市総合保健センター
田口禎子　練馬区教育委員会
田尻祥子　社会福祉法人福栄会品川区立児童学園児童デイサービス
田中信子　三鷹市立ちどりこども園
田村麻里子　茨城県立中央病院継続看護支援室
橋本創一　東京学芸大学教育実践研究支援センター
畑中　愛　東京学芸大学教育実践研究支援センター
日高希美　こども発達扇橋センター
帆足暁子　ほあし子どものこころクリニック
細川かおり　鶴見大学短期大学部保育科
堀口寿広　国立精神・神経医療研究センター精神保健研究所

推薦の序

地域で共に支え合う子育ての実現に向けて

　人は皆，赤ちゃんとして生まれてきます．産んだ母親も，寄り添う父親も，そのあまりの小ささに驚きつつも，命の重さと大きさに感動します．そして，日ごとの成長の速さに，喜びとともに，当惑もするものです．

　人は皆，子どもを他の子どもと比べたがります．わが子の身長は，体重は，平均的なのだろうか，大きすぎないか，小さすぎないか，異常なことはないかなど，まさに，親の悩みは果てしがありません．

　こうして，人は皆，自分が赤ちゃんや子どもを育てることができるのか，自分に育てる力はあるのか，子どもの育ちに寄り添うことができるのか，迷い，惑い，悩みます．

　本書の刊行は，だからこそ，求められていたのです．

　本書の執筆者の皆様は，子どもの「育てにくさ」を真正面から捉えました．医師でも，保育士でも，幼稚園教諭でも，学校教員でも，その他の専門家でも，多様な「育てにくさ」があるからこそ，研鑽と実践を通して専門性を磨き，親を支えながら，子ども本位の成長の支援を担っています．

　三鷹市は，少子化が進展する中，すべての子どもの健やかな「育ち」を地域全体で支える「子ども支援」と「子育て支援」を重視して，次世代育成支援の取組みをすすめています．子どもの健全な発達保障の視点に立ち，在宅子育て家庭の支援とともに，働く保護者支援として「保育サービスの質」の向上を図ってきました．今後はさらに，次世代育成支援の基本となる地域社会における「仕事と生活との調和（ワーク・ライフ・バランス）」の実現を図るために，教育委員会との連携を強化し，地域の多様な担い手や企業とも今まで以上に協働を進めます．こうした趣旨から，平成21年3月に，次世代育成支援の総合的指針である「三鷹市子育て支援ビジョン」を策定しました．ビジョンの1は「多様な主体の参画と協働による子育て支援体制の整備」としています．

　本書は，まさに，子どもの「育てにくさ」を「育ちのきっかけ」とするためのヒントが，多元的な視点から豊富に含まれています．執筆者の皆様に感謝するとともに，読者の皆様による，子ども本位のご活用をお願いします．

2009年9月

三鷹市長　　清原慶子

監修の序

　本書は子育ての悩みを抱えた保護者に対して，子育ての相談や指導に当たっておられる医師，保健師，保育士，幼稚園教諭等，幅広い職種の方たちに向けて書かれたものです．

　言われて久しい少子化はいっこうに改善される気配がありませんし，コミュニティの弱体化と住民の帰属意識の希薄化によって，子育ての主な担い手である母親たちの孤立は深まっています．様々な子育てサークルや幼児向けの教室は孤立防止のために一役買ってはいるものの，子育てが楽しいと感じていて積極的に人と交流できる母親たちが主役であって，子育てに悩んでいる母親に必ずしも寄り添うものではありません．

　「子育てを楽しまなくちゃ」というフレーズをよく耳にしますが，こうしたアドバイスを「私だって楽しめるものなら楽しみたい」と叫びたくなるような想いで聞いている母親も少なくないことでしょう．じつは，子育ての楽しさを奪う大きな要因の1つに「育てにくさ」があります．

　「なぜだか育てにくい，育てていて手ごたえを感じない」，「どうしたらいいの？」，「一体何が悪いの？」こうした母親の声に応える指南書を本書は目指しました．「育てにくさ」をキーワードに乳児期から幼児期後半までによく相談される訴えを集め，想定される背景や子ども像と具体的なアドバイスを1ページになるようコンパクトにまとめてあります．

　本書を読んでいただくとお分かりになると思いますが，ほとんど疾患名や障害名は出てきません．それは，子どもの行動の背景には実に様々な状態があることを知っていただきたかったからです．

　発達障害を主題としたマニュアルが多く出版されるようになりました．その中には保育活動の中で日常的に見聞きしている行動特性が書いてあります．こうした情報に触れることによって，診断がつく子のことを学びます．しかし，一方で「多動なのはADHDなんだ」あるいは「こだわる子はアスペルガーらしい」という単純なパターン思考が出来上がっていないでしょうか？　診断名がつくこともありますが，つかない子もたくさんいるという当たり前の事実をともすれば見失ってはいないでしょうか？

　子どもの行動には理由があります．その理由にはいろいろなものがあります．本書の執筆はそうしたいろいろな理由を熟知した専門の先生方に担当していただきました．理由の中には幼児のある時期にだけ目立つ行動であって，いわゆる発達のバリエーションであることもあるでしょう．一方では将来的に診断がつくような場合もあるかもしれません．しかし，育てにくさを感じている母親にとっては，同じ重みなのです．大切なの

は診断がついてから支援するのではなく，まず母親たちの育てにくさに寄り添うことなのでしょう．本書の活用によって育てにくさに寄り添うことが，子育てを楽しむことへの近道となることを願っています．

2009 年 10 月
鳥取大学地域学部　教授
同　附属小学校　校長
小枝達也

目次…「育てにくさ」に寄り添う支援マニュアル

執筆者一覧 ii
推薦の序 iii
監修の序 iv
本書の説明 x
本書活用の方法について xi
育てにくさについて xii

6〜12ヶ月頃　1

【コミュニケーション】 1
　❶おとなしすぎる 1
　❷ずっと泣いている 2
　❸何をしても泣きやまず，何で泣くのかわからない 3
　❹視線が合いにくい 4
【行動と遊び】 4
　❺あまり泣かない・笑わない 5
　❻要求が極端に少ない 6
　❼抱っこをせがまない 7
　❽後追いしない 8
　❾抱いた時しっかりしがみついてこない 9
　❿表情が極端に乏しい 10
　⓫ひとり遊びばかりする 11
【睡眠】 12
　⓬いつも寝てばかりいる 12
　⓭親に関係なく，一人ですぐ寝てしまう 13
　⓮ひどい夜泣きがある 14
　⓯ちっとも寝ない（睡眠時間が短い，細切れにしか寝ない） ... 15
【運動】 16
　⓰寝返りの仕方が異常 16
　⓱座位がいつまでも不安定である 17
　⓲おもちゃを持たない 18
　⓳ハイハイの仕方がおかしい 19

1〜2歳頃　21

【コミュニケーション】 21

⑳人見知りがない，またはひどい ─────────────── 21
㉑母親べったりで父親になつかない ────────────── 22
㉒親の行動や言葉をまねるのが苦手 ────────────── 23
㉓コマーシャルの言葉ばかり言う ─────────────── 24
㉔指差しをしない ───────────────────── 25
㉕親が見ている方向，指差された方を見ない ────────── 26
㉖言葉の理解が悪いようである ──────────────── 27
㉗名前を読んでも知らん顔をする ─────────────── 28
㉘耳が聞こえないのか心配 ─────────────────── 29
㉙言葉の発達が遅い ──────────────────── 30

【行動と遊び】─────────────────────── 31
㉚人より物に興味を示す ──────────────────── 31
㉛人への興味が持続しない ─────────────────── 32
㉜外で迷子になってしまう ─────────────────── 33
㉝ひとり遊びが好き，遊びに介入されるのを嫌がる ──────── 34
㉞ビデオ等の機械の操作が上手 ──────────────── 35
㉟好きなビデオを一日中ずっと見ている ─────────── 36
㊱不安が強い ─────────────────────── 37
㊲物を一列に並べたり，積んだりして遊ぶ ─────────── 38
㊳偏った興味，決め事がある ───────────────── 39
㊴物を何でも回す ───────────────────── 40
㊵キャラクター・乗り物への執着（極端なこだわり）がある ──── 41
㊶極端に落ち着きがない ─────────────────── 42

【睡眠】────────────────────────── 43
㊷夜中に起きることが多い ────────────────── 43
㊸寝つきが極端に悪い ─────────────────── 44
㊹夜泣きがひどい ───────────────────── 45

【運動】────────────────────────── 46
㊺つま先立ちを長くする ─────────────────── 46
㊻歩き方がいつまでもぎこちない ────────────── 47

2〜3 歳頃　　　　　　　　　　　　　　　49

【コミュニケーション】─────────────────── 49
㊼自分の思い通りにいかないとすごく怒る ─────────── 49
㊽言い聞かせてもわからないことが多い ─────────── 50
㊾人の言うことを聞かない ────────────────── 51
㊿手遊び歌に関心がない ─────────────────── 52

(51)言葉の発達が遅い 53
【行動と遊び】 54
(52)特定のものを異常なほど怖がる 54
(53)慣れない建物には怖がって入れない 55
(54)初めてのもの，場所を怖がる 56
(55)妙に神経質である 57
(56)ごっこ遊びをしない 58
(57)独特なごっこ遊びをする（相手のいない自分一人だけの世界で遊ぶ） 59
(58)かんしゃく，パニックを起こすことが多い 60
【睡眠】 61
(59)夜中に起きることが多い 61
(60)寝つきが極端に悪い 62
(61)夜泣きがひどい 63
【運動】 64
(62)ジャンプができない 64
(63)階段を上がれない 65
(64)利き手が定まらない 66
【身辺処理】 67
(65)トイレに行くのを拒否する 67
(66)ひどい偏食が出てきた 68
(67)しつけができない（言い聞かせてもダメ） 69
(68)食事に極端に時間がかかる 70

3～4 歳頃 71

【コミュニケーション】 71
(69)ひとり言ばかり言う 71
(70)おうむ返しの言葉が多い 72
(71)自分でつくった言葉（造語）を話して喜んでいる 73
(72)言葉の発達が遅い 74
【行動と遊び】 75
(73)友達に興味がない 75
(74)決まった友達とばかりしつこく遊びたがる 76
(75)子どもを怖がる 77
(76)一人で遊んでいることが多い 78
(77)集団に参加することを嫌がる 79
(78)人ごみを極端に嫌う 80
(79)奇妙な癖や動作がある 81

contents

- ⑧⓪失敗を極端に恐れて行動しない ——— 82
- ⑧①気分の変化が大きく，気が散りやすい ——— 83
- ⑧②順番が待てない ——— 84
- ⑧③いつでも一番でないとダメで怒る（勝ち負けにこだわる） ——— 85
- ⑧④数字やアルファベットが好きで覚える ——— 86
- ⑧⑤多動（座っていられず動いている） ——— 87
- ⑧⑥攻撃的な行動が多い ——— 88

【睡眠】——— 89
- ⑧⑦眠りが浅くすぐ起きる ——— 89
- ⑧⑧寝つきが悪い ——— 90
- ⑧⑨夜泣きがひどい ——— 91

【運動】——— 92
- ⑨⓪丸が書けない ——— 92
- ⑨①発音が極端に不明瞭 ——— 93
- ⑨②吃音がみられる（言葉の出だしがうまくできない） ——— 94
- ⑨③手先が不器用 ——— 95

【身辺処理】——— 96
- ⑨④同じ服しか着ようとしない ——— 96
- ⑨⑤靴下をはかせても必ず脱いでしまう ——— 97
- ⑨⑥ウンチをパンツの中でしかしない ——— 98
- ⑨⑦偏食がなおらない ——— 99
- ⑨⑧食べ物を見た目で判断して食べない ——— 100
- ⑨⑨服や手が汚れるのを極端に嫌がる ——— 101

文献／冊子「健診をすませたお子さんをもつ保護者の方へ」について ——— 102

冊子の活用の実際（1）（診療所） ——— 103
冊子の活用の実際（2）（保健センター） ——— 104
冊子の活用の実際（3）（保育園） ——— 105
冊子の活用の実際（4）（幼稚園） ——— 106
冊子の活用の実際（5）（学校） ——— 107

本書の説明

　本書は，子育て中の保護者が，少しでも不安なく楽しみながら子育てできることを支援するために作られた．多くの保護者は，「～ができない」「他の子に比べてうまくできない」「育てにくいと感じてしまう」等があると「どうしたらいいのかわからない」「自分の関わり方が悪いのだろうか」と悩むものである．そんな悩みを早く解決し，子どもの関わり方のヒントや専門家に相談するきっかけをつくりたいというのが，私達の願いである．

　子どもに関する心配や不安があった時，誰かに相談をして，「大きくなったら治る」「いつまでも続かないはず」等と言われれば，その心配や悩みは軽減されるものではない．また，健診等で問題ないと言われたけれど，日々子育てをしている中で，気付くこと，気になることは多いと思う．本書内の項目は，保護者が困ったり，気になったりしやすいものを各年齢時期に分けてまとめたものである．そして，「保護者が困ったな」「心配だな」と思う項目を具体的に明記することで，保護者が相談していいのだと思ってもらいたい．「次の健診まで様子をみよう」等と心配しながら育児をしたり，子どもに無理やり何かをさせたりすると，保護者も子どももつらい状況になってしまう．項目に当てはまったからといって問題があるということはなく，項目から子どもの状況を理解し，早くから環境を整え支援を受けることで，保護者がその子に合った子育てを安心してできるということは，子どもの成長にとても大切なのである．

　本書は，就学前までに保護者が困ることの多い項目を記述している．相談のタイミングを参考に，小児科医や保健センターに相談して欲しい．

田村麻里子

本書の活用方法について

　子どもは一人ひとり違うもので，十人十色とよく言われる．従って，マニュアル通りに子育てや保育ができる子どもは限られている．しかし，子育てしにくい子どもや気になる行動を示す子どもの場合，対応には苦慮するものである．そこには，発達の偏り，ゆがみや遅れによるサインが含まれているかもしれない．そうした場合には，普通の，または我流による子育てや保育よりも，これまで蓄積されてきた子育て法や小児保健学，保育学，臨床発達心理学等の専門的実績に基づく対応を参考にする必要があろう．

　本書は，子育てしにくい子どもや保育の中で気になる子どもの子育て・保育の悩み解消アイテムとして活用してもらいたい．内容としては，その子どもを「よく理解する」，子どもへの「具体的な言葉かけ・対応」を考える，心配がつきない時の「相談に行くタイミング」等を示している．いずれも専門的な知見に基づいたものである．

〔アイテム活用法　その1（子育てしにくさ/気になる程度？）〕
　子どもの身近にいる保護者または保育者が「子育てや保育においてどのように感じたか？」が一番重要なことである．気になる行動や症状において，その回数や時間等に決まった基準や境界線はなく，保護者や保育者の困った感・気になる感の程度に基づいてチェックし，子どもの状況を把握する．

〔アイテム活用法　その2（いつから？　どこで？）〕
　子どものしぐさや行動は日々変化するものである．気になる行動や子育てのしにくさは，発達の一過程の場合も多い．しかし，それが長期間続いていることには問題がある．また，場所や状況（対人等），時間帯等によって違った示し方をする．そこで，いつ頃から，どんな状況でそうした行動やしぐさがみられ，どのくらい続いているかをよくメモしておく．

〔アイテム活用法　その3（誰が見て？）〕
　保護者または保育者が一人でチェックして判断するのではなく，子どもに関わってくれる人と互いに情報交換しながら対応を考える．例えば，母親と園の保育士，母親とかかりつけの小児科医師等のようにペアで検討していく．

橋本創一

「育てにくさ」について

　私達は乳幼児健診の場で，保護者から子育てについて相談される機会が少なくない．しかし，現代社会では核家族化により身近な相談者が少ない一方で情報は氾濫しており，保護者が子どもを育てにくいと感じる不安や心配に対し，適切ではない対応がなされる可能性がある．例えば，児童虐待の中には保護者が子どもの発達を不安に感じ育てにくいとみていた例や，発達障害がある子どもの保護者の中には早くから子どもを育てにくいと感じていた例がある．育てにくい子どもの全てに発達障害があるわけではない．逆に育てにくいと感じている保護者の問題を指摘できることもある．

　そこで，「育てにくさ」を保護者が抱え込むのではなく，保護者とともに考える機会を設け，地域社会で子育てをする環境を作ることが大切である．保護者が感じることの多い育てにくさを本書にある具体的な項目で示すことで，「どのように相談したらよいかわからない」という保護者と私達が共通言語を持ち，認識を共有できるようにしたい．例えば，歩けない，言葉が出ないといった心配は言葉にでき相談しやすいが，育てにくいという感覚は，「子どもはこういうもの」と考え相談には至らないことが多い．そのため，子どもの発達を支える関係者は，保護者が訴える「育てにくさ」だけに目を向けるだけでなく保護者が言明しない心配ごとを汲み取り，その後も折にふれ新たな心配が生じていないか確認し，気づいていない「育てにくさ」にもていねいに対応することが求められる．

　日頃から子どもに関わる地域の関係機関が，気軽に保護者の相談に応じ保護者の感じる育てにくさに寄り添い，子どもの成長に合わせて適時の支援を実施すれば，一人ひとりの子どもを支援すると同時に親の意識を高めることにもなる．地域の小児保健の水準は大きく向上し，ひいては発達障害の早期発見にとどまらず児童虐待を防止する処方箋となることを期待したい．

秋山千枝子

| コミュニケーション | 行動と遊び | 睡 眠 | 運 動 | 身辺処理 | ✓チェック □ |

❶ 6～12ヶ月頃　おとなしすぎる

斉藤敦子

想定される子どもの状況

　6ヶ月頃からは，保護者等の大人が子ども自身の欲求を満たしてくれる存在であることがわかり，大人への積極的な働きかけがみられることが多くなるので，気に入らないことがあると大声を出したり，泣いて要求を伝えたりする．さらに，ハイハイで好きな場所に移動することを始めると，いつも世話をしている大人の姿が見えなくなると不安で，周囲を見回して探す等の行動がみられたりする．しかし，おとなしすぎる子は，ハイハイで動き回るよりも，座ったまま一人で黙々と遊ぶことが多く，大人と関わる機会も減り，つい一人で過ごさせてしまいがちである．このような要因から周囲からの刺激も少なくなり，人への関心が乏しくなりがちなことが考えられる．

対 応

　目を見て話しかけ微笑む．抱っこして**スキンシップ**をとる等，日々のふれあいを通して働きかける．また，**ひとり遊び**をしていることが多いので，「いないいないばあ」や身体をシーツに包みゆっくり揺らす「シーツゆりかご遊び」「くすぐりっこを遊び」等を行うことにより，人と関わることの楽しい経験をすることが大切である．日中親子だけで過ごしている場合には，刺激も少なく，遊びも単調になりがちなので，子どもが集う場所に出かけて，親子で一緒にいろいろな体験を増やすことも必要である．

フォローの仕方

　そばにいる身近な大人がいなくなった時の表情や，身体の動き，大人への関心の仕方，日常生活の過ごし方・遊び等を観察し，おとなしすぎる理由を考えてみる必要がある．また，保護者自身も「**手のかからないおとなしい子**」「**育児が楽な子**」と思わず，子どもの様子を見守りながら，やりとり遊び等を通して，意識して関わる姿勢を持つように努める．やりとり遊びを増やしても変化がみられない場合には，専門機関への相談を勧める．

関連 ☞ ❹❺❻❼❿⓫㉟

コミュニケーション | 行動と遊び | 睡眠 | 運動 | 身辺処理

❷ 6〜12ヶ月頃　ずっと泣いている

斉藤敦子

想定される子どもの状況

泣くことは子どもが気持ちを伝えるためのコミュニケーションの手段である．6ヶ月頃までは空腹・眠い時・不安・苦痛等の生理的な理由で泣くことが多いが，10ヶ月頃になると保護者と保護者以外の区別ができるので，保護者がそばにいないと，声を出して注意をひいたり，周囲を見回して探す等の行動がみられ「**後追い**」「**人見知り**」「**かんしゃく**」を起こして泣くことが多くなる．また，密室育児の影響で保護者自身が対応に疲れてしまい，気持ちに余裕もなくなり冷静に応じることができず，親子とも悪循環に陥り，子どもは泣き続けてしまう等，育児環境や保護者自身の関わり方が要因となることも考えられる．

対応

日頃からスキンシップをとり，子どもに安心感を与えることが大切である．子ども自身が求めている時に抱っこする場合は，**抱きぐせ**を気にしなくてよい．対応法として，身体をやさしくゆする・子守歌を唄う・おっぱいを飲ませる・散歩に行く等を試してみる．また，保護者自身に気持ちの余裕がないと不安が子どもに伝わり泣き続けることがあるので，一時保育を利用する等，周囲の協力を得ながら，気分転換することも大切である．

フォローの仕方

日頃から，子どもの体調や日常生活の様子，生活リズム等を観察し，子どもが安心して過ごせるような環境調整を図る．また，保護者自身も子どもへの関わり方等育児について学ぶ講座に参加したり，気持ちの安定や休息を図る方法を検討する等，親子ともに相談できる地域の相談機関の利用を勧める．

関連 ☞ 3 14 15 36 42 44 58 59 61 89

| コミュニケーション | 行動と遊び | 睡眠 | 運動 | 身辺処理 |

❸ 6〜12ヶ月頃　　何をしても泣きやまず，何で泣くのかわからない

斉藤敦子

想定される子どもの状況

　何をしても泣きやまず，なぜ泣くのかわからないタイプの子どもは，親の育て方が悪いために泣いているのではなく，要因として生まれながらに持っている「**気むずかしい気質**」によることが多い．生後1〜2ヶ月頃から寝ても目覚めてもぐずり続け，4〜5ヶ月頃になると泣き方が強くなり，やがて**夜泣き**が激しくなる傾向にある．また，このようなタイプの子どもは，音等の刺激に対して過敏に反応しやすく泣き続けることもある．
　そのため，育児に対する負担も大きく，**愛着関係**を築きにくいため，保護者自身が精神的不安定になることもある．

対　応

　安心して過ごせるような環境調整を行い，保護者も根気強く関わっていく．しかし，子どもの気質は変わらないため，すぐに状況が改善されることは少ないので，保護者だけで関わっても焦りや不安が子どもに伝わり，親子関係が悪化してしまうことがある．保護者以外の人や専門家に協力を求め，子どもの対応法を相談したり，子どもを預けて気分転換を図ることが大切である．相談することにより，育児負担を共有でき精神的にも落ち着くことができる．

フォローの仕方

　子どもの行動を理解しにくいため，対応に悩み叱ったりする場面が多くなり，保護者との愛着関係が築きにくいので，早めに専門家に相談しながら対応することが必要である．
　また，気質的な要因でも，年齢，育児環境や周囲からの働きかけによって変化がみられるので，地域の子育て支援を利用しながら，子どもにあった接し方を工夫し「長い目で成長を信じて待つこと」ができるような親子のサポート体制を検討する．

関連 ☞ ❷ ❼ ⓮ ⓯ ㊱ ㊷ ㊹ ㊽ ㊾ ⓺⓵ ㊩

| ☑チェック | コミュニケーション | 行動と遊び | 睡眠 | 運動 | 身辺処理 |

❹ 6～12ヶ月頃　視線が合いにくい

佐藤典子

想定される子どもの状況

子どもは，7ヶ月頃から**両眼視**が主となる．子どもはそもそも近眼であり，1歳前の視力は 0.2 に満たない．保護者は子どもに近づき目を合わせることで子どもの要求や感情を把握できるようになる．

しかし，**視線が合いにくい**子どもがいる．話しかけられている時には，宙を見ていて聞いていないようである．視線を合わせ集中して物を見ようとしない．また，11ヶ月頃には絵本を見始めるが，膝に座らせて絵本を開いても視線は絵本に向いていない．

対　応

追視（3ヶ月頃）があったか保護者に確認する．実際に目の前で物を動かしてみる．子どもの背後と面前で，それぞれ音を出して反応を見る．この時期，先天的で重篤な視覚障害はすでに発見されているはずである．しかし，**斜視**等の見落としがあったり聴覚障害には気づいていない場合がある．聞こえの問題が疑われたら耳鼻科の受診を勧める．

日々の世話や触れ合いを通して保護者との関わりが楽しいものであることを体験させる．例えば，おむつを交換した時に目を見ながら「気持ちよくなったね」等と声をかける，抱っこをして歌を歌いながら揺らしてあげる．食べ物（哺乳びんをふくむ）をあげるときには子どもの正面から，目を見て与える．

また，大人のすることの**模倣**（9，10ヶ月）があるか確認する．ハイハイする子どもを追いかけたり，子どもの動作を親がまねしてみせる等も，人との関わりを楽しく思うきっかけになることが多い．

フォローの仕方

1歳を過ぎて，大人に対して要求の表現（**手差し，指差し**）がみられない場合，特定の大人との遊びを続けても変化がみられない場合には，専門機関への相談を勧める．

関連 ☞ 10 24 25 27 28 30

| コミュニケーション | **行動と遊び** | 睡　眠 | 運　動 | 身辺処理 | ✓チェック |

❺ 6〜12ヶ月頃　　あまり泣かない・笑わない

佐藤典子

想定される子どもの状況

　子どもは，6ヶ月頃には自分が安心できる人（主に世話をしてくれる保護者）を見分けられるようになる．しかし，抱っこしてあやしても笑わない子どもがいる．また，8ヶ月頃までにぐずり泣きはほとんどなくなるが，最初からほとんど泣かず，お腹がすいた時以外の要求を出す（泣く）ことが少ない子どもがいる．

　一人で静かにしていることが多く，保護者が子どもの泣き声を聞き分け，素早く適切な対応をしないでいると泣かなくなってしまう．また，「泣かなくて楽だから」とかまわずにいるとさらに泣かなくなってくることが少なくない．

　要因としては，「人への関心が薄い」「抱っこ等，肌の接触を好まない」「親との**愛着関係**が育ちにくいこと」等が考えられる．

対　応

　自発的な笑い（1ヶ月），**あやし笑い**（2ヶ月）がみられたか確認する．くすぐる，耳の近くで急に音を立てる等して反応をみる．

　保護者には，「遊んでも喜ばないので張り合いがない」「泣かないから楽」と考えるのではなく日頃から積極的に関わるよう助言する．子どもにとって心地よいことを，心地よいこととして表現する．例えば，くすぐって一緒に楽しそうに声を出して笑う．子どもがやったことに対して，大いに褒める．

　機嫌が悪いように見えなくても抱くと身体を反らして嫌がる子どもの場合には，無理をせずに，子どもの好む触れ合いを少しずつ広げていく．

フォローの仕方

　周囲からの働きかけに対して声を出したり表情を変えるようになるか．**分離不安**（4ヶ月から），**人見知り**（8ヶ月前後）といった，人を対象とした感情の表れ方はどうか．最初に表れる**有意味語**が保護者を指すものか．表情が乏しいままで1歳半を過ぎて有意味語がみられない時には専門機関への相談を勧める．

関連 ☞ ⑭⑩❹❻㉘㉚

☑チェック

| コミュニケーション | **行動と遊び** | 睡眠 | 運動 | 身辺処理 |

❻ 6〜12ヶ月頃　要求が極端に少ない

大塚ゆり子

想定される子どもの状況

5〜6ヶ月にもなると，それまでの空腹やおむつが汚れて気持ちが悪い等，主に生理的な不快を訴えるだけであったのが，眠い時にぐずったり，母親を求めて甘え泣きをしたり，欲しい物に手が届かず声を出したり，身体が思い通りに動かず泣いたりといった様々な要求が増えてくるものだが，そういった要求が極端に少ない．母親は，「あまり泣かない手のかからない赤ちゃん」と，認識していることも少なくない．

対 応

スキンシップや，視線を合わせての声かけ，表情のやりとりにより，赤ちゃんとしっかり関わり，赤ちゃんの好奇心，周囲への関心を高め，周囲への関心を高めると共に，動作や感情を共有していく．

・視線を合わせ「ミルクの時間ね，おなかが空いたのね」「お尻が気持ち悪かったのね．おむつ替えようね」等，声をかけながらミルクを与えたり，おむつを替えたりする．
・赤ちゃんが興味を持っていること，好んでいることを一緒にしてみる．赤ちゃんが興味を示す物を見つけ，その物を眼前に差し出し，注視させて動かす．
・**やりとり遊び**（「ちょうだい」「どうぞ」等）をたくさん体験させる．
・欲しい物に対して声をあげる等，要求する行動がみられた時は，大いに褒めて反応する．

フォローの仕方

愛着形成を促すことを目的とした上記の対応を通して，赤ちゃんの反応を観察する．また，要求が少ないことで，保護者が関わる時間が少なくならないように気をつける．6ヶ月頃で要求の少ない赤ちゃんには，やりとり遊びの指導や広場事業等への参加を勧め，反応を確認していく．1歳を過ぎて人見知りがみられない時，「おいで」「ちょうだい」の命令に反応がみられない時は，専門機関への相談を勧める．

関連 ☞ ❼ ⑩ ⑪ ⑱ ㉔

💡ポイント　そっとしておかないで，積極的に関わっていく．

| コミュニケーション | **行動と遊び** | 睡 眠 | 運 動 | 身辺処理 | ✓チェック ☐ |

❼ 6〜12ヶ月頃　　抱っこをせがまない

大塚ゆり子

想定される子どもの状況

　6ヶ月頃になると，赤ちゃんは保護者とそれ以外の人を区別し，10ヶ月頃には，様々な場面で保護者にコミュニケーションを求め抱っこをせがむようになるが，外出先で他人と接する場面，遊びに飽きてぐずったり，眠くなったりした時にも，保護者や身近な保育者に抱っこをせがまない．保護者は抱っこを求められないことで赤ちゃんのことをかわいいと感じられないと悩んだり，逆にしつこく抱っこを求められないので「育てやすい」と感じていることもある．

対　応

　触れられる，抱っこされる感触への拒否感を減らし，抱っこされることの安心感を育てていく．赤ちゃんの不快感や不安をしっかり受け止め，抱っこされることで赤ちゃんが喜びや，楽しさを感じる体験をさせていく．具体的に以下に例示する．
・視線を合わせ，声をかけながら，スキンシップを十分にとる．
・赤ちゃんがどんなことに興味があり，楽しんでいるのかゆっくり観察する．
・抱っこする前に，子どもの目の高さまでしゃがみ，「だっこ」と言いながら大きく両手を前に出して見せてから抱っこする．
・抱っこでお散歩したり，膝に座らせて遊ばせたりし，抱っこされていると楽しいことが起きるという経験を重ねる．
・**やりとり遊び**でコミュニケーションの楽しさを経験させる．

フォローの仕方

　愛着形成を促し，**スキンシップ**や抱っこでの赤ちゃんの反応を観察していく．6〜7ヶ月には抱っこされることに拒否感はないか，愛着行動はみられるかチェックしていく．また，抱っこをしつこく求められず育てやすいと感じている保護者には赤ちゃんと関わる時間が少なくならないように気をつける．一人で歩くことができるようになり，歩き疲れても抱っこをせがまない場合，人見知りを示さないか，怖い思いをしても保護者のもとに逃げてこない場合には，専門機関への相談を勧める．

関連 ☞ ❻ ❾ ❿ ⓫ ㉔

| チェック | コミュニケーション | **行動と遊び** | 睡眠 | 運動 | 身辺処理 |

❽ 6〜12ヶ月頃　後追いしない

杉山　静

想定される子どもの状況

　子どもは生後6ヶ月頃から，自分が安心できる人（主に世話をしてくれる保護者）とその他の人を見分けられるようになる．さらに，ハイハイ等で自ら移動できるようになると，安心できるはずの保護者の姿が見えない場合，不安を感じ後を追う**愛着行動**をとる．しかし，**後追い**をしない子どもは，保護者がいなくなっても，自分の好きな玩具に夢中でひとり遊びを続ける等保護者の行動に関心を示さないことが少なくない．また，こうした傾向がある子どもは，人見知りで保護者以外の人への拒否感や不安感を示すことも少ない．要因としては「人への関心が薄い」「抱っこ等，肌の接触を好まない」「親との愛着関係が育ちにくい」が考えられる．

対応

　日々の世話や触れ合いを通して，保護者との愛着関係を育てることが大切である．また，「いないいないばあ」等の遊びにより，子どもに保護者との関わりが楽しいものであることを体験させていくことも有効である．逆に，ハイハイしている子どもの後を追いかけたり，子どもの動作を保護者がまねして見せる等も，子どもにとって人との関わりを楽しく思うきっかけになることが多い．

　肌が触れ合う刺激に対して抵抗感があり，抱っこをせがまない子どもの場合には，無理強いせずに，子どもの好むふれあいを少しずつ広げていく．

　抱き癖を心配する等の理由で，子どもが求めてきた時に関わりを拒否し続けると，人を求めること自体を止め，後追いもしなくなりやすいため，配慮が必要である．

フォローの仕方

　保護者と離れる場面での子どもの様子や離れてからの様子，再会した場面での様子を観察する．子どもの予測する力が育ち，保護者がそばにいなくても必ず戻ってくるから大丈夫と理解できるようになると，後追いは自然におさまることが多いので，人見知りや人への関心の示し方等，日常生活の様子も含めて観察し，後追いしない理由を確認する必要がある．また，特定の大人とのやりとり遊びを続けても変化がみられない場合には，専門機関への相談を勧める．

関連 ☞ ❼ ❹ ❾ ⑳ ㉛ ㉚ �73

| コミュニケーション | **行動と遊び** | 睡眠 | 運動 | 身辺処理 | ✓チェック |

❾ 6〜12ヶ月頃　　抱いた時しっかりしがみついてこない

大塚ゆり子

想定される子どもの状況

　保護者が近くに来ても両手を差し出して抱っこを要求し両手でしっかりしがみついてくることがない．不機嫌な時にも泣いて抱っこを要求してくるようなことがないか，極端に少ない．抱き上げると身体を反らして嫌がるが，手足をダラリと下げたままである．おもちゃから手を離さず，しがみつこうとしない子どももいる．相談の場では，保護者から，抱きづらい，抱き方を教えてほしい，長い時間抱っこできないという訴えで聞かれることがある．
　要因として，「運動発達の遅れ」「知的発達の遅れ」「愛着形成が不十分」「感覚のアンバランス」「保育者とのコミュニケーションがうまくとれない」が考えられる．

対　応

　首のすわり，寝返りといった運動の発達を確認する．可能であれば手足の筋肉の緊張の度合い（極端にかたい，やわらかい）をみる．
　身体をそらせて嫌がる場合，抱っこされしがみつく時の身体や衣類に触れる感覚への拒否感を減らし，抱っこされることの安心感を育てていく．感覚遊びを多くしてみる．例として以下が挙げられる．
・**スキンシップ**で触れる感覚を刺激する．
・立位の姿勢やしゃがむポーズで力の入り方を感じる遊びをとり入れる．
・手足を使い，感覚を楽しむ遊びを取り入れる（お手玉，粘土，ボールプール）．
・遊びから生まれる要求や反応に気をつけ，無理強いはしない．

フォローの仕方

　上記の対応を行い，赤ちゃんの反応を観察する．感覚のアンバランスさはそれぞれで異なり，克服しようと無理強いをしない．楽しく感覚遊びをすることで苦手なことが増えていかないよう見守ることが大切である．座位がとれない，左右差が著しい，前進せず後進する等，ハイハイの仕方がおかしいと感じた時には，9, 10ヶ月健診での相談を勧める．

関連 ☞ ❶❺❿⓭

✓ チェック

| コミュニケーション | **行動と遊び** | 睡眠 | 運動 | 身辺処理 |

⑩ 6〜12ヶ月頃　表情が極端に乏しい

大塚ゆり子

想定される子どもの状況

あやしても笑わない，大人が様々な表情を見せてもまねしない，抱っこをしても視線を合わせ笑いかけてくることがない，母親がバイバイをして離れていっても不安な表情を浮かべない，本を見せても好奇心で目を輝かすといった表情がない，父親が出かけて行ってもさみしそうな表情を浮かべない．いつも同じ表情をしている．

要因として，「知的発達の遅れ」「愛着形成が不十分」「保護者とのコミュニケーションがうまくとれていない」が考えられる．

対　応

追視，何も刺激を与えていないのに笑う**自然微笑**（2ヶ月頃まで），**あやし笑い**（4ヶ月頃まで）があったか確認する．

愛着形成を促し，一番身近な他者である保育者と温かな安心感のある人間関係を作ることを目指す．視線を合わせたり，笑いかけたり，触れ合うことが楽しいという経験を重ねていく．

・やさしい表情で，やさしく語りかけながら，スキンシップを十分に行う．
・赤ちゃんの行動や気持ちを言葉や表情で表現して，感情を共感する．また大人の行動や気持ちも，言葉や表情，身振りで伝えていく．
・やりとり遊びを一緒に楽しむ．

フォローの仕方

6〜7ヶ月で表情が乏しい赤ちゃんには，上記の対応を行い，楽しさを共感し，赤ちゃんの反応を観察する．表情，声，仕草等で感情が表現できるか見守る．人見知りの出現を確認していく．1歳を過ぎて人見知りがみられない時は，専門機関への相談を勧める．

関連 ☞ ❷❹⓫㉔㉙

ダメ！ テレビ，ビデオをつけっぱなしにして子守りをさせない

| コミュニケーション | **行動と遊び** | 睡眠 | 運動 | 身辺処理 | ✓チェック □ |

⑪ 6〜12ヶ月頃　ひとり遊びばかりする

大塚ゆり子

想定される子どもの状況

　保護者に遊びを要求することが少なく，好きなおもちゃに夢中になっていたり，好きなものの動きをずっと見ていたり，**ひとり遊び**を続けたりしていることが多い．保護者が遊びに関わろうとしても，無視，拒否することもある．

　要因として，「ひとり遊びが上手である」「他者に関心がない」「興味の対象が極めて限られている」「保育者とのコミュニケーションがうまくできない」が考えられる．

対　応

　赤ちゃんはこの時期一番身近な保護者を通して世界や興味を広げていく．保護者と触れ合い遊ぶことが楽しいという体験させていくこと，様々な遊びを体験して遊びや人への興味，関心を広げていくことが求められる．
・赤ちゃんの理解や興味をよく観察し楽しい感覚を共有する．
・一緒に関わって遊ぶ遊びの種類を増やしていく（他者と関わる遊び）．
・やりとり遊びを教えながら一緒に楽しむ．
・テレビ，ビデオをつけっぱなしにしない．

フォローの仕方

　保護者と関わる遊びで，赤ちゃんが楽しさを体験できているか確認しながら，無理強いせず，保護者に興味を持ちコミュニケーションがうまくできる関係ができてきているかチェックする．生来「ひとり遊びが好き」な赤ちゃんもいるので，他者との関わり方や興味の広がり等と併せて専門機関への相談を勧めていく．

関連 ☞ ⑥ ㉔ ㉚ ㉝ ㊺

| コミュニケーション | 行動と遊び | **睡 眠** | 運 動 | 身辺処理 |

⓬ 6〜12ヶ月頃　いつも寝てばかりいる

大塚ゆり子

想定される子どもの状況

　6〜12ヶ月では昼寝が1〜2回，平均的睡眠時間は13時間程で，夜にまとめて10時間程眠る．このように**生活リズム**が安定するものだが，お腹がすいても泣かない，排泄をしても眠りっぱなし，遊びの時間も短い，散歩にでかけても寝ばかりいる．

　保護者は初めのうちは，「手のかからない子」と思っているが，子どもがいつも寝ていて反応が得られないため，「何か病気があるのではないか」と心配になる頃である．

対　応

　保護者がこの項目に該当すると訴えた場合，実際に眠っていた時間帯を毎日記録してもらい確認する．必要以上に眠りの時間を尊重せず，笑いかけ，話しかけ，身体に触れ，外出して陽に当て，外界の刺激に触れさせていく．保護者・保育者を通して赤ちゃんにいろいろな体験をさせ，感覚を発達させ，世界や興味を広げさせていく．具体的には，以下のことを行う．

　①子どもが目を覚ましている間は，視線を合わせ，声をかけながら，スキンシップを十分にする．②生活リズムを整える．③昼間と夜間とで過ごす部屋を替えてみる．④子どもの寝ている場所を確認する（戸外の音が聞こえないか，窓から朝の陽射しが自然に差し込むか，保護者の姿が見える位置にあるか）．⑤やりとり遊びを一緒に楽しむ．

フォローの仕方

　愛着形成を促す上記の対応を通して，赤ちゃんの反応を観察していく．また，眠ってばかりいることで，保護者が関わる時間が少なくならないように気をつける．

　赤ちゃんの感覚の発達や，子どもが周囲に興味を持ちコミュニケーションがうまくとれる関係ができてくるかチェックする．視力・聴力の確認（6ヶ月頃まで），「いないいないばあ」やおもちゃを見せての反応の確認（9〜10ヶ月頃）等を行うとよい．

　見え方，聞こえ方に問題があると感じた場合は，すみやかに専門医の受診を勧める．1歳半健診の時点で，**ひとり歩き**，ことば（有意味語）がみられない場合は，専門機関での相談を勧める．

関連 ☞ ❶ ❹ ❻ ❼ ❿ 25 28

ダメ！　テレビ，ビデオをつけっぱなしにして子守りをさせない

| コミュニケーション | 行動と遊び | **睡　眠** | 運　動 | 身辺処理 | ✓チェック □ |

⓭ 6〜12ヶ月頃　　親に関係なく，一人ですぐ寝てしまう

大塚ゆり子

想定される子どもの状況

　赤ちゃんには眠いから眠ると判断する能力はまだ備わっていないため，眠る時間だと気付かせる，眠りやすい安心できる環境を作るといった様々な保護者の協力が，寝つくために必要である．6ヶ月頃になると，赤ちゃんは保護者とそれ以外の人を区別し，保護者にそういった協力を求めてくるものだが，一人で勝手に寝ついてしまう．眠くなってぐずることがなければ，保護者は「手のかからない子」と捉えることが多いが，保護者が予定した通りに子育てが行えない（例：食事の時間がズレる等）場合，保護者の困り事となる．

　要因として，「よく寝る子」「知的発達の遅れ」「愛着形成が不十分」「保育者とのコミュニケーションがうまくとれていない」が考えられる．

対　応

　笑いかけ，話しかけ，身体に触れ，保護者との**愛着関係**を強化することを通して，家族の一人として生活を送ることにつなげていく．
・子どもが目を覚ましている間は視線を合わせ，声をかけながら，**スキンシップ**を十分にする．
・家庭の**生活リズム**を整える．
・**やりとり遊び**を一緒に楽しむ．

フォローの仕方

　愛着形成を促すことを目的とした上記の対応を通して，赤ちゃんの反応の変化を観察していく．併せて，保護者の母性行動が適切かチェックする．その他の要求に関連した行動の発達をみる．1歳半健診の時点で指差し，困った事があった時，助けを求めるといった行動がみられなければ，専門機関への相談を勧める．

関連 ☞ ①④⑥⑦⑩㉕㉟

（ダメ！）テレビ，ビデオをつけっぱなしにして子守りをさせない

| コミュニケーション | 行動と遊び | **睡眠** | 運動 | 身辺処理 |

⓮ 6〜12ヶ月頃　ひどい夜泣きがある

杉山　静

想定される子どもの状況

いったん眠った子どもが理由もなく目を覚まし泣く状態．生後6ヶ月頃から始まることが多く，ほとんどの子どもにみられるが，泣き声も小さく，身体をなでたり，抱くだけですぐに眠りに戻る子どももいれば，火がついたように大泣きし，何をやっても泣きやまない子どももいる．

対　応

夜泣きをしたら，密着する面積が大きく心臓の鼓動を感じられるような抱っこをすると，ぬくもりに安心して眠りに戻ることが多い．背中を優しくトントンたたく，抱っこしてゆらゆらと揺らす等もぬくもりに適度なリズム感や揺らぎが加わり効果的である．

また，泣き初めにおしゃぶりをくわえさせると，鼻呼吸ができて深い呼吸がしやすく，眠りやすい．おっぱいを含ませた場合，お腹いっぱいの満足感で眠りやすくなる．

一方で，保護者が泣きやませようとすればするほど，保護者の焦りが子どもに伝わり，泣き続けることが多いため，保護者が気負わずに気分転換を図ることも大切である．思い切って，夜のドライブに出かけるうちに自然と寝つくことも多い．

フォローの仕方

この時期の夜泣きはどの子どもも体験するが，ひどい夜泣きが数ヶ月続く場合には，日常生活の様子を確認し，生活リズムや日中活動の見直し，睡眠中の環境調整等を図る．

睡眠不足から保護者が疲れストレスをためることも多いため，子どもの昼寝に合わせ保護者も一緒に寝て休む他，一時保育を利用する等，親がゆっくり休む手立てをとることも大切である．

幼児期に発達面の相談をする中で，振り返ってみると，この頃から夜泣きが続いていることも多い．ひどい夜泣きの場合には，回数や頻度等の記録が後で役立つ．日中の活動量や刺激の量に関らずひどい夜泣きが3〜4歳頃まで続く時は，専門機関への相談を勧める．

関連 ☞ 15 36 42 43 44 55 59 60 61 87

| コミュニケーション | 行動と遊び | **睡眠** | 運動 | 身辺処理 | ✓チェック □ |

⑮ 6〜12ヶ月頃　　ちっとも寝ない（睡眠時間が短い，細切れにしか寝ない）

杉山　静

■ 想定される子どもの状況

　子どもは生後4ヶ月頃から次第に夜間まとめて眠るようになる．しかし，眠くなると子どもがぐずることでもわかるように，眠りの世界に入るための切り替えには不安が伴うもので，その切り替えがスムーズにいかずに寝つきにくく，ようやく寝かしつけても，すぐ起きてしまい細切れにしか寝ない子どもがいる．

■ 対　応

　睡眠リズムを整え，睡眠習慣を定着させるため，毎日の就寝時間を一定に定め，その時間に合わせてテレビを消す，明かりを控える等，眠りやすい雰囲気づくりを行う．また，前夜眠れたかどうかに関わらず，朝は決まった時間に光が感じられるよう窓を開け，声かけをして起こすことを繰り返す．

　どうしても寝つきにくく就寝時間が遅くなりがちな場合は，まず朝の光を浴び明るさを感じることから始めると，睡眠覚醒サイクルを司るホルモンが分泌され効果的である．

　また，昼間外気浴や散歩等でよく遊ばせ，疲れて眠るようにすることも必要である．

　さらに，子どもが夜中ふと目覚めた時に安心できるお気に入りの人形や毛布等を用意したり，絵本の**読み聞かせ**等の**入眠儀式**をつくると，すぐには効き目があらわれないが，幼児期まで寝つきにくさが続きそうな場合に役立つ．

　子どもは家族とともに暮らし，家族の生活の影響を受けるため，子どもだけを寝かしつけようとするのではなく，家族全体で睡眠や生活を見直し，取り組むことが大切である．

■ フォローの仕方

　睡眠時間の短さやリズムの乱れは，成長に悪影響を及ぼすことが多いため，子どもの様子を観察し，ぐっすり眠りにくい要因をさぐり，できるだけ取り除く．対応を重ねても変化がみられず，幼児期まで続く場合には，専門機関への相談を勧める．

　睡眠不足により，親の疲労やストレスが強くなるため，休息をとる対策も大切である．

関連 ☞ ⑭ ㊱ ㊷ ㊸ ㊹ ㊺ ㊾ ㊿ ㉖⓪ ㉖① ⑧⑦

✓ チェック

コミュニケーション　行動と遊び　睡眠　**運動**　身辺処理

⑯ 6〜12ヶ月頃　寝返りの仕方が異常

秋山千枝子

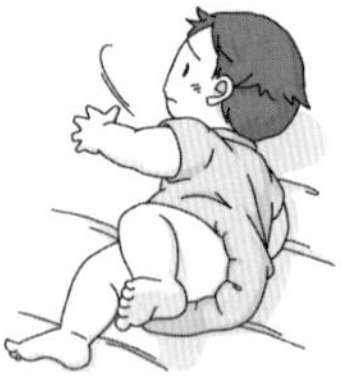

想定される子どもの状況

寝返りは，早い子どもでは4ヶ月頃から体幹をよじって寝返ったり，両下肢を挙上して下半身から回転して寝返ったりし，多くは6ヶ月までにできるようになる．

しかし，6ヶ月になっても寝返りしない，**側臥位**（横向き）までしかできない，寝返りを一方向しかしない，あるいはすぐに仰向けになってしまうなどの子どもがいる．

対 応

これまでの運動発達の経過で，首の据わりが遅かったかどうか確認する．遅かった場合，寝返りも遅くなり寝返りをしない，あるいは側臥位までしかできない状況となり得る．仰向けでおむつ交換の際に片方の股と膝を曲げて骨盤をひねるようにさせ，股が十分斜めになったところで殿部を軽く押さえて，身体をひねらせ寝返らせてみる．側臥位になるとくるりと**うつ伏せ**になり，上肢を引き抜くようになる．側臥位になれない時は腰に手を添えて回してあげる．上肢を引き抜けない時は，体幹を浮かして手伝ってあげる．毎回，おむつ交換や着替えの時に遊びとして取り入れる．**伏臥位**（うつ伏せ）からの寝返りは，背臥位（仰向け）にし，片方の下肢を上方に屈曲しその下肢をやさしく身体を横切ってもっていく．側臥位になったら子どもをゆっくりと後方，前方に動かし，上部体幹が動きについてくるまで行う．すぐに仰向けになってしまう子どもは，うつ伏せの姿勢が嫌いか，仰向けの姿勢に慣れている場合であるが，なるべくうつ伏せで遊ぶ機会を増やし，慣れるようにうつ伏せで遊ぶ楽しさを教えていく．

フォローの仕方

ずりばいやよつばいができるようになってから寝返りができるようになることがある．そのため，寝返りをすることや仕方にこだわらず，次のステップができる状況にあるかみる．9，10ヶ月になってもずりばいやよつばいができない時は専門機関への相談を勧める．

関連 ☞ ⑰⑲

ポイント　無理に寝返りをしなくても心配しなくてよい

| コミュニケーション | 行動と遊び | 睡 眠 | **運 動** | 身辺処理 |

⑰ 6〜12ヶ月頃　座位がいつまでも不安定である

秋山千枝子

想定される子どもの状況

両手での支持を必要とする初期（6ヶ月頃）の座位から発達して，7ヶ月の子どもは背を伸ばし，手を放してしばらく座ることができるのが通常である．手をついて身体を支えながら座れても正常である．9ヶ月を過ぎると前後左右に傾いても倒れなくなり，座位が安定する．6ヶ月を過ぎた頃の座位が不安定な子どもには，身体が柔らかく両手で支えられず前に崩れてしまう例や，身体が固くて両手が床につきにくく支えられない例がある．9ヶ月を過ぎて不安定な場合とは，座位で傾いた時に倒れてしまうことである．

対　応

前に倒れる時は，タオルで支えてあげる．お座りの形にして身体が前に倒れてしまう時は，お腹の所に丸めたバスタオルをおいてあげる．バスタオルが支えになって前に倒れなくなり，両手でおもちゃを使って遊べるようになってくる．

座位が不安定な場合は，頭部を打撲しないように周りにクッション等をおいて防ぐ．おもちゃ等を周囲におき，身体をよじってとることができれば，前後左右に倒れなくなる．

フォローの仕方

8ヶ月までに一人で座位がとれない時，10ヶ月を過ぎても座位が不安定な時は専門機関への相談の利用を勧める．

関連 ☞ 46 62 63 90 93

ポイント：座位の姿勢を少しずつ増やしていくこと

| コミュニケーション | 行動と遊び | 睡眠 | **運動** | 身辺処理 |

⓲ 6〜12ヶ月頃　おもちゃを持たない

秋山千枝子

想定される子どもの状況

　3ヶ月の頃から手に触れたものを握ることができ，4ヶ月になるとおもちゃに手を出し，持って遊ぶことができ，5ヶ月からは両手で持って遊ぶことができる．6ヶ月頃は手に持った物はなんでも口へ運んで確認するようになる．
　おもちゃを持たない，あるいは物を持たない子どもは上記の一連の遊びができずにいる．

対　応

　物に興味がない場合は，まず人に対する興味の有無を確認する．抱っこを好むか，人の顔を触ってくるか，触られるのを嫌がらないか等である．くすぐり遊びで触る，揺する等，感覚刺激を意識した人との触れ合いから物への興味を引き出し，おもちゃを触る等へと発展させていく．この動作がなければ自分で物を食べるという行為は困難である．

フォローの仕方

　経験が少ないためにおもちゃを持たないのか，感覚刺激に対し過敏なため持とうとしないのかを見極める必要がある．保護者が関連する項目等，他に子どもの様子に心配な点があるならば専門機関への相談の利用を勧める．

関連 ☞ ❼ ㉛ 66 99

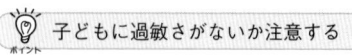

ポイント：子どもに過敏さがないか注意する

| コミュニケーション | 行動と遊び | 睡 眠 | 運 動 | 身辺処理 |

⑲ 6～12ヶ月頃　ハイハイの仕方がおかしい

秋山千枝子

想定される子どもの状況

よつばいでなくたかばいをする．ハイハイで前進せず後進する．よつばいの形ではあるがどちらか一方の膝を使わずに足底で支持しており左右対称の動きではない．うつ伏せが嫌いでハイハイせず，いざって（座位の姿勢で）移動する．

対　応

それまでの運動発達に遅れ等がなければ心配はいらない．

よつばいの形を直そうとするのではなく，膝立ちやつかまり立ちを促していく．すでに立ちたがる等，立位の準備ができていれば，膝立ちやつかまり立ちができる高さの机や椅子で姿勢をとりやすくしてあげる．立位の姿勢でつま先立ち傾向がなく，下肢の動きに左右差がなければ問題はない．

フォローの仕方

つたい歩きをした時に下肢の動きに左右差があったり，1歳を過ぎても下肢を床につきたがらないようなことがあれば専門機関への相談を勧める．

関連 ☞ ㊱㊺

 ハイハイの形は無理に直さなくてもよい

| コミュニケーション | 行動と遊び | 睡眠 | 運動 | 身辺処理 | ✓チェック □ |

⑳ 1～2歳頃　人見知りがない，またはひどい

帆足暁子

想定される子どもの状況

　人見知りがない状況の多くは，いつも世話をしてくれる保護者にも知らない人にも同じように笑顔で接したり，後をついて行ってしまったりすることを言うが，その反対に保護者にも未知の人にも同様に笑顔にならなかったり，話しかけても応答しない等の状況も言う．いずれの場合も，既に人見知りの発達段階で愛着の対象の選定ができている年齢であるのに，信頼できる人と信頼できない人の区別が持てないからと考えられる．また，人見知りがひどい場合とは，いつも世話をしてくれる保護者でなければダメで，家族であっても他の人が近づくと泣き叫んだり，過剰に保護者にしがみついて**パニック**になる等，生活に支障が起きることもある．

対　応

　人見知りがない場合は，抱っこをたくさんして，保護者等と一緒にいれば安心できるという実感をつくることが基盤となる．子どもに語りかけ，子どもの好きな遊びを一緒にする等，共有体験を多くして，子どもの心に「特別な人」として保護者等を認識してもらう．また，不安な時や緊張している時に安心できるように抱きしめる等もするとよい．また，人見知りがひどい場合は，無理をせず，子どもが安心できる距離を把握したり，子どもに気付かないふりをしながら近づいたり，母親と仲良く話している姿を見せたりして，子どもが他の大人を徐々に受け入れられるように工夫していく．

フォローの仕方

　保護者の訴えは主観的なので，実際に子どもの様子をみる必要がある．人見知りがない場合は，**ネグレクト**も視野にいれて判断する．そして，抱っこや遊ぶことで視線が合い，特定の人として意識していくことができるようになっていくかを観察する．また，ひどい場合には，もともと分離不安の強い時期であることを考慮した上で，他の大人にも関わろうとする行動が出てくるかを観察する．生活に支障が起きるほどひどい場合には，こだわりの強さが素因にあることも考えられるので，専門機関への相談を勧める．

関連☞ ❶❺❼❽

✓ チェック

| コミュニケーション | 行動と遊び | 睡眠 | 運動 | 身辺処理 |

㉑ 1〜2歳頃　母親べったりで父親になつかない

帆足暁子

想定される子どもの状況

抱っこも後追いも母親を求め，お風呂や寝る時，食事を食べさせてもらうのも母親にやってもらいたがる．父親が代わりにやろうとしても，母親の方に行ってしまうか，泣いてしまう．母親には安心感を持っているが，父親には持てない．

対応

子どもが楽しいと思えるダイナミックな遊び等，母親にはできない父親だからこそできる関わりを契機として世話をすることにつなげる工夫をする．子どもが絵本を読んでほしい等と父親に要求してきたら，きちんと応えていく．もしくは子どもと父親の二人で公園や買い物に行く等，社会の中で父親しか頼れない状況をつくることも，父親になつくことにつながる．そのように環境調整や役割分担を考える．子どもが母親を求めないよう，母親には外出してもらい，その間に子どもと関わるようにするのもよい．両親一緒に遊んだり，食事を食べさせたり，お風呂に入って遊ぶのもよい．

フォローの仕方

父親になつかない原因が，子どもと関わる時間の短さや父親の役割の違いであれば，関わる時間を増やしたり，関わり方を子どもに合わせることで，**母親べったり**が緩和され，父親にも要求がみられるようになるかを観察する．

しかし，父親になつかない原因が何かを幅広く考える必要はある．母親への **DV** や，子どもへの虐待も考えられるからである．母親からの話をていねいに聴き取り，何が一番問題なのかを推察する．また，その原因が，母親の「子どもを離したくない思い」からきている場合もある．もしくは，子どもの**こだわり**の強さの結果として表現される場合もあり，他の面でのこだわりの有無も観察する．夫婦関係が安定していないと，子どもを自分の側につけたい思いが起き，子どもがそれを察して母親にべったりすることもある．生活に支障を来たすようであれば，専門機関へ相談することを勧める．

関連 ☞ ❷ ⑳ ㊱ ㊵ ㊷

| コミュニケーション | 行動と遊び | 睡 眠 | 運 動 | 身辺処理 |

㉒ 1〜2歳頃　親の行動や言葉をまねるのが苦手

帆足暁子

想定される子どもの状況

　父親が会社に行く時，母親に抱っこされながら「パパにバイバイしようね」と言われても，にこにこしているだけで「バイバイ」しない．母親が子どもの目の前で「バイバイ」と振る手をじっと見る．近所の人が「こんにちは」とおじぎをしてあいさつをしてもその動きをまねしない．見ているのか見ていないのか，目で追っているかもわからない．保護者が絵本を見せながら「これはワンワンね．ピヨピヨね」と言って動物の絵を一つひとつ指を差しながら言葉を教えても，まねをしようとしないし，見ないでページを次々にめくろうとする．

対　応

　行動や言葉をまねしないということは，まねる相手と気持ちがつながっていないということが考えられる．「**まねる**」ことの基盤は安定した愛着の成立である．愛着者を通して，子どもは行動や言葉を学習していく．子どもに特別な存在だと認識してもらうことが最初に必要である．それから，簡単な**模倣**である「バイバイ」からやってみるとよい．「バイバイ」は相手が目の前からいなくなることでわかりやすい行動であるし，日常使用する行動だからである．また，行動や言葉，大人の意図が理解できずにまねることができないこともある．その場合は，子どもの手を持って「バイバイ」と振り，見せるだけではなく，子どもに行動をつくることでまねさせる．

フォローの仕方

　まねることが苦手となる原因を整理する．そして，まねることができるような行動を子どもに示しながらその変化を観察していく．また，まねることの意図の理解ができないためにまねることができないのかを確認することも必要である．子どもに「新聞を持ってきて」等，意図の共有ができるかをみていくことで判断できる．この年齢になれば，生活の中で学習していくことが増える時期でもある．どの領域の行動が苦手なのか，まねることのできる言葉は何か等，子どもの特性を明確にしつつ，発達をチェックしていく．1歳半健診で気持ちのつながりを感じられなければ，専門機関への相談を勧める．

関連 ☞ ❶ ❹ ⓫ ⓭ ㉔ 57

| コミュニケーション | 行動と遊び | 睡眠 | 運動 | 身辺処理 |

㉓ 1～2歳頃　　コマーシャルの言葉ばかり言う

秋山千枝子

想定される子どもの状況

　子ども達は1歳前後から大人の**口まね**で「ぶっぶー」「マンマンマン」等と発声しながら，単語を話すようになっていく．コマーシャルの言葉は消費者に記憶させることを目的としている性質上，簡単であり，繰り返し聞くためまねしやすいようである．他の言葉も話すことができ，コマーシャルの言葉を繰り返す場合は心配はない．

　しかし，他の言葉がなく，コマーシャルの言葉ばかり言うのであれば，**おうむ返し**の有無や興味の偏りがないか確認する必要がある．

対　応

　コマーシャルの言葉を無理に止めさせることはない．他の言葉が増えるように促していく．子どものコミュニケーションの手段（指差し，発声，言葉）を確認し，「～したかったのね」「～が欲しいのね」と，子どもの行動を言語化してあげながら，コマーシャル以外の言葉が出るのを待つ．

フォローの仕方

　言葉が増えていくと次第にコマーシャルの言葉は消えていく．

　もし，他の言葉がなくコマーシャルの言葉のみを話す場合は急いで，また他の言葉も出ているが会話のやり取りが難しい場合も，専門機関への相談を勧める．

関連 ☞ ㉔㉙㉝㊳

ポイント：コマーシャルの言葉のまねは無理にやめさせなくてよい

㉔ 1～2歳頃　指差しをしない

秋山千枝子

想定される子どもの状況

　欲しい物があり手が届かないとその場で泣く，保護者の身体にしがみつく等をして表現する．絵本を見せて「ワンワンどれ？」とたずねても反応がない．
　指差しには3つの種類がある．見た物を何でも指差して周囲の人に共感を求める『**定位の指差し**』，自分の欲しい物を指差す『**要求の指差し**』，「ワンワンどれ？」の問いに答えて指差しをする『**可逆の指差し**』がある．子どもがどの指差しをしないのか確認する必要がある．
　また，1歳前に物を手に取って大人に見せる行為があったか，大人が指を差した方向を見ていたか確認する．
　なお，ここでは指差しと表記したが，要求の指差しにおいて人差し指を使わずに手全体を使って指す（手指し），大人の手をつかんでその手を使って差す場合がある．

対　応

　定位の指差しがみられない時は，「ワンワンだね」「お花だね」等と大人が見た物を指差して子どもに伝えて共感を育てる．
　要求の指差しがみられない時は，例えば牛乳とお茶を提示し「どっち？」と聞き，子どもが欲しいものを取ろうとしたり，手差しや指差しで示すようにする等，要求を表明する方法の獲得を促していく．
　可逆の指差しは子どもとやり取りを楽しみながら質問をし，聴いて，見た物を指差すということができたら大いに褒めて，指示理解の意欲も育てる．

フォローの仕方

　指差しは1歳～1歳半にみられ，言葉の出現とともに定位や要求の指差しはみられなくなる．1歳半になっても言葉がなく，指差しがみられない時は専門機関へ言葉の相談をするよう勧める．また，可逆の指差しで指示ができない時は人との関係に注目して，2歳までに指示が入りにくい時も同様に専門機関への相談を勧める．

関連 ☞ ㉒ ㉗ ㉙ ㉛ ㉝

💡 出現していない指差しの種類を確かめること

| コミュニケーション | 行動と遊び | 睡眠 | 運動 | 身辺処理 |

㉕ 1〜2歳頃　　親が見ている方向，指差された方を見ない

秋山千枝子

想定される子どもの状況

子どもは保護者と最も共感する関係にあり，保護者のまねをよくする．その1つに保護者が見ている方向を一緒に見たり，保護者が指を差した方向を見るというものがある．子どもが保護者の動作に興味がなく保護者の動きに関心を示さない（共同注視に欠けている）場合，さらに，他者とのコミュニケーションに心配がある場合，保護者に共感できていない，あるいは対人関係が苦手であるかもしれない．

対　応

子どもが保護者に関心を示しているか確認する．例えば，親子で遊びをした時，楽しさを共有して「もっと」と要求を示してくるか等である．

家庭では子どもが興味を示すことを一緒に行う．大人には遊びに思えないこともあるかもしれないが，最初は一緒に行うということを優先する．子どもにとって楽しいことを発生するスイッチのような存在から，保護者に再現を求める要求行動を通して人としての保護者に関心ができ，共感が育ってくる．

フォローの仕方

親との共感が育つ前に，親とのやりとり遊びが成立しにくい，人と遊ぶよりもひとり遊びを好む等の状況がある．しかし，保護者が子どものそのような状況に気付いていないこともある．子どもの興味が広がらないうちは，家庭での取り組みだけでは限界がある．そのため，子育て広場等で第三者が介入して様々な遊びを提供していくことも必要である．

2歳近くになっても共感が得られなければ専門機関への相談を勧める．

関連 ☞ ㉔ ㉗ ㉚ ㉝ ㉟ ㉜

💡 周囲への関心を引き出すこと

| コミュニケーション | 行動と遊び | 睡眠 | 運動 | 身辺処理 | ✓チェック |

㉖ 1～2歳頃　言葉の理解が悪いようである

秋山千枝子

想定される子どもの状況

　1歳を過ぎると生活の流れがわかり，簡単な指示に従って行動できるようになる．なかなか指示通りに行動できない時，言葉の理解が悪いように感じられる．
　状況として，①生活の流れがわからない場合，②生活の流れは状況から理解しているものの言葉だけでは指示が入らない場合，または，③自分の思い通りに行動する場合が考えられる．

対　応

　上記の3つに区別して対応していく．
　①生活の流れがわからない場合は，毎日同じリズムと流れで生活をし，繰り返すことで生活の流れを覚えさせる．その際に，行動と言葉が結び付く声かけをする．
　②状況がわかって行動するものの言葉だけでは指示が入りにくい場合は，ジェスチャーを組み合わせたり，言葉をより簡単なものに置き換えて話す．
　③言葉の指示を聞かず，自分の思い通りに行動する場合は，前もって指示を言っておいたり，一緒に行動してあげる．

フォローの仕方

　1歳半頃までは，気が向けば行動するが向かなければしない時期である．しかし，2歳までには大人の指示がほとんどできるようになるため，言葉を理解しての判断が可能になる．2歳になっても言葉の理解が悪いように感じたら，専門機関への相談を勧める．

関連 ☞ 28 1 5 10 12 48 33

💡ポイント　ジェスチャー等の身振りを用いて，簡単な言葉で話すこと

| コミュニケーション | 行動と遊び | 睡眠 | 運動 | 身辺処理 |

㉗ 1〜2歳頃　名前を呼んでも知らん顔をする

秋山千枝子

想定される子どもの状況

　名前を呼んでも反応がないとしても，様々な状況がある．後ろから呼んだ時（顔が見えていない時）には振り向かない，繰り返し呼ばないと振り向かない，大きな声で呼ばないとこちらを見ない，遊びに集中している時には呼んでも振り向かない，愛称で呼ぶと振り向くが少しでも表現を変えると振り向かない等である．

　1歳前の子どもは，後ろからそっと近づいて名前をささやくだけで反応する．聞こえているということと同時に，自分の名前を認識していることを示す．名前以外にも，大きな物音がするとびっくりする，隣の部屋で好きなビデオを流すと飛んでくる等，行動から聞こえていることを確認することができる．

対応

　名前だけでなく名前以外の音にも反応するかどうか見極める．

　後ろから呼んで反応せず，正面に立って口を隠して呼んでも反応しない場合，大声で呼ばないと反応しない場合は聞こえの問題を疑って聴力検査を行い，正確に把握する．

　好きな音楽や電話のベルには反応して駆け寄ってくる場合，テレビで使っていた言葉をまねしている場合は，名前を呼ばれて反応しなくても聞こえていることがわかる．

　聞こえていて名前を呼ばれても知らん顔をする時には，子どもの正面で顔を合わせて名前を呼ぶ．または，肩を叩いてから名前を呼ぶことで，自分の名前を認識させていく．

フォローの仕方

　聞こえの問題を疑った時は，まず耳鼻科の受診を勧める．2歳になっても，いつも名前を呼んでも知らん顔をし，他の指示理解もできなければ，専門機関への相談を勧める．

関連 ☞ ㉘㉙㊽㉝

💡 子どもの正面から呼びかけていく

| コミュニケーション | 行動と遊び | 睡眠 | 運動 | 身辺処理 |

㉘ 1～2歳頃　　耳が聞こえないのか心配

秋山千枝子

想定される子どもの状況

　繰り返し問いかけても返事をしない，名前を呼ばれても反応せず後ろから肩を叩くと飛び上がるほどびっくりする，大きな音がしても驚かない，テレビを大音量にしても平気である，テレビにくっつくようにして見ている，歌が流れても反応しない等の状況が考えられる．

　この時期の，耳が聞こえないといった心配には，聴力の問題と，周囲へ関心を示さないことへの心配がある．前者は，日常生活の中で音に反応しているかどうかで確認できる．後者は，子どもが興味がないことには無関心であることを示している．

対応

　単に耳垢が溜まって聞こえにくいことがある．耳科的な疾患を見逃さない．医療機関では耳鏡で観察するが，子どもが観察に協力してくれるかも1つの情報である．

　この年齢で聞こえに問題があれば言葉の遅れもみられるが，軽度の難聴の場合は見逃されていることがある．聴力の問題を疑う時には，専門機関において程度に応じた治療や療育を開始する．

　周囲への関心がない場合は，やり取り遊びや子どもの好きな遊びを通して人や周囲に対して興味を引き出すようにしていく．多くの場合，一人で遊ぶことを好むが，なるべく人との関わりを増やしていく．

フォローの仕方

　聴力に問題がある場合はなるべく早く医療機関でその聞こえの程度を調べてもらう．
　周囲への関心を示さない場合は，子育て広場等で遊びの提供を受けるのもよいが，2歳までに関心を引き出せなければ，専門機関への相談を勧める．

関連 ☞ ㉗㉙㉖㉝

ポイント：周囲への関心を引き出そう

✓ チェック

| コミュニケーション | 行動と遊び | 睡眠 | 運動 | 身辺処理 |

㉙ 1〜2歳頃　言葉の発達が遅い

秋山千枝子

想定される子どもの状況

1歳で「マンマ」等の発語が1〜2個あり，1歳半になると「パパ」「ママ」「ワンワン」「ブーブー」等の名詞が5つ以上出る．次第に名詞が増えていき，名詞が20〜30個出る時には2語文「パパ，カイシャ」「ママ，キタ」が出てくる．また，簡単な言いつけに従って動くことができる．

言葉が遅い子どもには，指示の理解ができず言葉が遅い子どもと，指示の理解はできるが言葉が遅い子どもがある．また，一人で勝手に意味のない発語（造語）をしたり，おうむ返しだけの発語も言葉の発達が遅い子どもと考える．

対　応

指示の理解ができず言葉が遅い場合は，行動を見せながら「ゴミぽいして」等，言葉で示すことで指示が入ることがある．大人は繰り返しやって見せる．

指示の理解ができるならば，「くつとって」等，簡単なお手伝いをしてもらう．「くつ」を持ってきてくれれば，「くつ」という名詞は覚えていることがわかる．わからない時は「くつとって」と靴を指差しながら教える．「くつ」という名詞を覚えれば，いずれ必要な場面で「くつ」という単語を話すようになる．

フォローの仕方

1歳半の時に指示理解がなく，5個以上の名詞がない時やおうむ返しでの発語，意味ない発語をする時は専門機関への相談の利用を勧める．また，2歳までに10個以上の名詞が出ない場合，目，口，耳等の身体の部位をたずねられて，4ヶ所以上正しく指差すことができない場合も同様である．指差しを適切に行わない場合は別項㉔，㉕を参照すること．

関連 ☞ ❶ ❺ ❻ ❿ ⓬ ⓭ ㉔ ㉕ ㉖ ㉗

💡 子どもの指示理解の状態によって対応が異なる

| コミュニケーション | **行動と遊び** | 睡眠 | 運動 | 身辺処理 | ✓チェック |

㉚ 1～2歳頃　　人より物に興味を示す

堀口寿広

想定される子どもの状態

　興味を引く物に近寄り，触る，投げる等の働きかけがある．興味をひく物には一定の特徴があり子どもによって異なる．しかし，人に対して同じような働きかけはみられないか，あっても持続しない．夢中になっている時に名前を呼ばれても振り向かないことが多い．意図的に子どもの視界に割って入ると顔を向けることもあるが，目の焦点は大人に合っておらず（背景に焦点が合っている），すぐにそれてしまう．

対　応

　聞こえの問題を見逃さないよう，保護者から生活場面での様子を聴き取る．必要に応じて耳鼻科の受診を勧める．母子健康手帳から，乳児期の追視の有無を確認する．
　この時期の子どもは，外界には物だけでなく人も存在していることを学び，自分と外界（他者）の区別から，他者の区別に進んでいくことが求められる．
　対応は子育てにおいて特殊なものではない．従って，保護者が「やらなくても平気」と受け取らないよう，とくに意識して実施する必要があることを説明する．
　興味の対象物を手に入れようとしている時には，大人を介して入手するようにする（直接入手できるような状況をつくらない）．姿勢を低くして物と一緒に子どもの視野に正面から入り，子どもの名前を呼んでから手渡す．すでに要求を表す言葉が出ている場合には，手渡す時に物の名前を正しく言い，要求と合致するよう修正する．特徴の似たものを渡すことによって**興味の範囲**を広げていく．

フォローの仕方

　この項目に当てはまると相談に来る保護者は，「わが子が自分に興味を示していないのではないか」と疑いながらも，一方では本人が振り向くまで名前を呼び続ける，本人が物を手に入れようと近寄ってきたことで「わかっている」「気難しい」として不安を打ち消そうとしていることも多い．保護者の不安を受け止めながら，根気よく対応を続けるよう話す．2歳を過ぎたら同年齢の子どもとの関わり方を観察し，状態に変化がみられなければ，専門機関への相談を勧める．

> 💡 ポイント　保護者と話している間も，子どもの目の動きを観察する

> ❌ ダメ！　本人が落ち着くからといって，好きな物ばかり与えない

31

| コミュニケーション | **行動と遊び** | 睡　眠 | 運　動 | 身辺処理 |

㉛ 1〜2歳頃　　人への興味が持続しない

堀口寿広

想定される子どもの状態

大きく分けて2つの状態がある．

動きが多く，名前を呼びおもちゃを見せても反応せず，聞こえていないようにみえる．近寄ってきても「ちょうだい」のしぐさや言葉がないまま持って行く．子どもの顔を見ていると**視線**が合うように感じられるが，長くは続かない．特定の物に興味が絞られていることが多い．

対　応

遊びは「楽しい」という**快の情動**を子どもに引き起こすが，その情動は他者との相互作用によって強まることを体験させる．子どもが上記のどちらの状態であっても他者からの働きかけが拒否されないのであれば，積極的に子どもに関わり，遊びを広げて，「楽しい」という情動を共有していく．子どもが遊びに関連したまねをしていると考えられるのであれば，まねを通して遊びのイメージをふくらませる．

・そのとき子どもが用いているおもちゃと同じ物や，関連した物を持って遊びに参加する．
・おもちゃに関連した音（例：電車の走行音や警報など，子どもが耳にしたことのあるもの）を出したり，子どもに話しかけたりする．

フォローの仕方

発達の問題がある場合と，「**人見知り**」の場合があるため，一度の観察で判断せず，初期は日にちと時間帯を変えて複数回会ってみる．地域の児童館等で実施している幼児向けの親子サークルの利用を検討した後，日常生活において周囲の環境音や大人の言動の模倣に広がりがみられるか確認する．

1歳半健診の時点で，相談担当者の「ちょうだい」に反応を示さない場合，2歳で「ちょうだい」と言わない場合は，専門機関への相談を勧める．

大人とのやりとりができるようになったら，その場に同年代の他児を交え，子ども同士の関係につなげていく．

💡 相談担当者を交替して観察することも検討する

🚫 本人が関わりを拒否する場合は無理をしない

㉜ 1〜2歳頃　外で迷子になってしまう

堀口寿広

想定される子どもの状態

　この時期，子どもは，運動能力の発達に伴い保護者のもとを離れ周囲を探索し始める．保護者から離れることは恐ろしく，振り返って確認し元に戻る．つかまえられると安心感を持ち遊びの1つにもなる．保護者から自立した存在になる練習期間といえる．

　目の前のおもちゃに注意が向いた結果**迷子になる子ども**，手を離した途端走り出し毎回おもちゃ売り場で見つかる子どもがあり，戻れずに泣く子どもと平気でいる子どもがいる．その他，新しい場所に行くと**落ち着かない**様子で動き続け，その結果見失う子どもがいる．くり返し迷子になるという訴えがある場合，歩行を開始する前から保護者は運動量の多さに気付いていることが多い．

対応

　事故を未然に防ぐことが最優先である．迷子にさせないようにと外出先で子どもを車内に放置することのないように，保護者とは適切な方法を話し合う．

　相談を受けた者は，まず迷子になる頻度，状況，なった時の子どもの反応を知る．あわせて保護者に「まだ遠くへは行けないだろう」等の思い込みがないか確認する．

　外出時には子どもの体格と運動能力に合わせて，背負う，肩ぐるま，カートに乗せる，手をつないで歩かせることを習慣とする．

　子どもが保護者から離れ始めたら，まずは見守り，一定の距離を超えたら名前を呼ぶ．お気に入りの音がするおもちゃがあると便利である．止まらない時は背後から制止する．とくに新しい場所に行くと動き回る子どもは，制止すると泣いて激しく抵抗することが多いが，大人は静かにし，子どもが落ち着くまで制止を解かない．

フォローの仕方

　商店等，同じ場所に行くのであれば，上記の一定の距離を超えたら名前を呼ぶ等の対応を練習する．迷子になりやすい状況の時だけ（だから）手をつなぐという大人の判断を約束に結び付けていくのはまだ先である．新しい場所に行くと動き回る子どもについては，短期間で再度様子を見て，変化がなければ専門機関への相談を勧める．

> 保護者から離れた時の子どもの視線の動きに注意する

| チェック | コミュニケーション | **行動と遊び** | 睡眠 | 運動 | 身辺処理 |

㉝ 1〜2歳頃　ひとり遊びが好き，遊びに介入されるのを嫌がる

堀口寿広

想定される子どもの状態

　一人で遊んでいるところへ大人が関わろうとすると拒む．大人がおもちゃを見せても見ない，渡そうとすると払いのける，持たせると投げる．その場から離れていく．激しいかんしゃくを起こす．他の子どもが近寄って来て，使っているおもちゃに手を出したりしても同様に反応する．

　他者からの関わりには拒絶しても，興味を引く人や物には近寄る場合，子どもの興味の幅が狭く関わり方は一方通行にみえる．

　身体に触れられることが嫌な子どもが含まれ，体重計に乗る時に服を脱がせる段階で泣く，診察室では泣いて暴れて診察ができないことがある．

　2歳を迎えると，子どもは何でも自分でやりたがり，大人が手伝ったり代わりにやろうとすると怒る．最初の自立であり，**反抗期**と呼ばれることがある．

対　応

　遊びを詳細に観察し，内容の適切さと他者の模倣の程度を見極める．例えば，ミニカーを車として扱っているか，遊びはどこかで体験したことの再現であるか等である．

　他者が関わると遊びが楽しくなるという体験の積み重ねから他者の存在を認めるようにつなげる．遊び道具は保護者が管理し，保護者から受け取らせるようにする．子どもが遊ぶ様子を見守り，動作に合わせて掛け声をかけたり，うまくできたときには大いに褒めたりする．現在子どもが使っているおもちゃと同種の物を用い，子どもの近くで遊ぶ．

フォローの仕方

　保護者が子どもの嫌がることをさけて，遊びがさらに一方的にならないよう注意する．遊び以外の日常生活で，大人の関わりを拒む場面があれば，併わせてその変化を観察する．ふだんから子どもにやらせて手伝ってくれたと褒め，子どもが保護者の手伝いを受け入れるようにする．1歳半健診の時点で視線が合わない場合，模倣や見立て遊びがみられない場合，2歳を過ぎても大人を相手にしたままごと遊びがみられない場合は，専門機関への相談を勧める．

> ポイント：触れることや音に対する過敏さがあるか観察する

> ダメ！：抵抗が激しく制止できなくなった時はそれ以上刺激しない

| コミュニケーション | **行動と遊び** | 睡眠 | 運動 | 身辺処理 | ✓チェック ☐ |

㉞ 1～2歳頃　　ビデオ等の機械の操作が上手

堀口寿広

想定される子どもの状態

　音や映像が出たり動く物に**興味**を示すことは子どもにとって自然である．さらに複雑な操作をしているのであれば，保護者は子どもの能力と肯定的に捉えるであろう．

　見たいビデオがある時，子どもはテレビの前で騒ぐ，手を引いて大人をテレビの前に連れて来る，テレビを指差してキャラクター等の名前を言う，見たいビデオ（DVD）を持ってくる，と要求の仕方を広げていく．2歳になると自分でやりたがり，大人がやろうとすると怒る．何でも自分で決められると学習してしまうことには大きな問題があるが，この項目に該当するとした保護者は，この時点では問題を認識していないであろう．

対　応

　子どもが操作できる機械はテレビにとどまらない．勝手に操作することが事故につながるという説明が必要である（つながるおそれがあるという説明では，保護者には「普通にしていれば大丈夫」と理解される）．事故防止の観点から次の対応をはかる．

- リモコンは子どもの手の届かない場所に置く．壁につけた袋に入れておくのでもよい．
- プラグの鍵や施錠できるタップが市販されているので活用する．次に「ちょうだい」「かして」といった，大人からの要求への対応を確認する．
- 機械は大人が操作することを教える．やりたがる時は，必ず大人の手を添える．
- それでも自分一人でやりたがる場合は「テレビはパパのもの」と宣言する．大人から物を借りさせるところからやり直す．

フォローの仕方

　要求を適切に表明する方法を学ぶことは，集団に入った時には他の子どもとの関係の持ち方につながる．保護者が「うちの子にはできる」と言っても，直接観察し，できていない時は1つ前の段階に戻って繰り返し練習する．2歳までに「ちょうだい」と言葉で要求しない時，大人の関わりを受け入れない時は，専門機関への相談を勧める．

> 💡 診察器具を勝手に触った時，保護者がどう反応するかみる

| チェック | コミュニケーション | **行動と遊び** | 睡眠 | 運動 | 身辺処理 |

㉟ 1～2歳頃　好きなビデオを一日中ずっと見ている

堀口寿広

想定される子どもの状態

　お気に入りのビデオを繰り返し見たがり，保護者が「1回だけ」「おしまい」と言っても聞かない．食事や排泄をするための中断すらできないこともある．結果，保護者が子どもから目を離せなくなり家事ができなくなるか，きょうだいが他の番組やビデオを見られなくなるか，「おとなしくしているから」と子どもがテレビの前に放置される．
　子どもが繰り返し見たがるビデオはキャラクターのものに限らない．幼児教育を目的としたビデオであれば，保護者の「何度も見れば早く覚えるだろう」という考えと合致して問題と認識されにくい．一方で，「テレビを見せると子どもが自閉症になる」という誤った説が保育・教育関係者の間にすら流布しており，心配になり相談する保護者もある．

対応

　この時期「ダメ」の理解はできていても，がまんしたり大人との約束を守れるようになるのはもう少し先の話である．子どもの行動を大人が決めること（もあるということ）を教えると同時に，**興味の範囲を広げる取り組み**が求められる．
　「1日○回まで」「ごはんの前の○分」というように回数や視聴させる時間を決めて大人が守る．食事等，子どもにとって他の楽しい事が後に続くようにする．「おしまい」と告げたら，言い聞かせようとせずにその場から離れる．ビデオの中で使われていた歌やしぐさをまねしてやってみせて画面の外に関心を移させる．

フォローの仕方

　好きなビデオをずっと見るというのはこだわりであるとともに他者への関心が乏しい状態ともいえる．相談担当者は，子どもが他者に向ける視線の動きや関わり方を観察する．保護者は，「見せるビデオの内容に気をつければよい」（例：英会話であれば回数を多く見せるほどよい）と考えやすいので注意する．子どもの行動の変化と，保護者の対応（回数制限の変え方）の双方を確認する．保護者の対応にもかかわらず画面の外に関心を移すことができない時，2歳を過ぎて変化がみられない時は，専門機関への相談を勧める．

| 💡 ポイント 完全に取り上げるのではなく，保護者に節度を持たせる | ✕ ダメ！ 限度とする回数や時間を相談担当者が決めてしまわない |

コミュニケーション | **行動と遊び** | 睡眠 | 運動 | 身辺処理

㊱ 1～2歳頃　　不安が強い

堀口寿広

想定される子どもの状態

　初めての場所や人を怖がる．病院，白衣を着た人を怖がる．母親の姿が見えないと泣いて探し回る．母親の服をつかんで離さない，膝の後ろに隠れる．キャラクターの着ぐるみや大きなぬいぐるみ，大きな音を怖がる．目が覚めたとたんに激しく泣き出す．
　泣く，嫌と言う，しがみつく，無言，動かなくなる等，様々な反応で表現される．
　人見知りは1歳前に減少していく．母親から離れることを怖がる**分離不安**は，対象を特定した愛着の形成によるもので，人見知りの前から生じ始め，**人見知り**がなくなった後に多くみられる．子どもは外界に興味を持ち，近づく，触る等の関わりを試みる．なお，本書では**不安**と表記しているが，厳密に言うと不安は対象を持たない感情である．これら具体例は，**恐怖**の強い状態であるが，様々な原因によるものを列挙している．

対　応

　恐怖を示す状況や対象に一定の傾向があるか，いつから表れているか確認する．思い当たる具体的な出来事は重要な情報であるが，保護者に直接たずねると先入観を与え原因を見誤る可能性もある．
・子どもが恐怖を感じずにいられる人物（多くの場合は母親）と一緒にいるところに，恐怖の対象（人や物）が加わるようにする．
・特性の類似した対象（医師に恐怖を感じるのであれば白衣を着たケーキ屋さんや白衣を着せたぬいぐるみ）を代わりに示すか，直接恐怖の対象であっても安全な体験をさせる（病院へ行ってもまったく何もされずに帰る）．

フォローの仕方

　子どもが怖がるからと，保護者が子どもを過剰に守り保護者自身が不安になることのないよう，保護者からこまめに様子を聞いて励ます．
　対応を始めた後も突発的に強い恐怖を示す状態が続き原因が思い当たらない場合は，その時の様子を動画に記録し（さらに可能であればバイタルサインをとり）専門機関への相談を勧める．

> ポイント：家族の不安を和らげつつ子どもの恐怖を和らげる

> ダメ！：保護者を安心させるつもりで「大丈夫」と一番先に言わない

| コミュニケーション | **行動と遊び** | 睡眠 | 運動 | 身辺処理 |

㊲ 1〜2歳頃　物を一列に並べたり，積んだりして遊ぶ

堀口寿広

想定される子どもの状態

積む・並べる物は積み木やミニカーとは限らない．

1歳半頃には積み木を積み重ねることが，2歳を過ぎる頃には横に並べることができるようになる．成長に応じて目と手の動きのバランスも発達し，失敗せずに積み重ねる（そろえて並べる）ことのできる数は増えていく．また，大人と一緒に遊び，高く（長く）できると喜ぶ．遊びの一種類であって，飽きれば他の遊びに移ることができる．

しかし，積み木を電車に見立てたり，ミニカーを走らせて遊ぶことがみられない子どもでは，言葉が増えない，いつもひとり遊びである，片付けると怒る等の特徴もあることが多く，周囲は心配することになる．

対 応

生活の様々な場面での手先（指）の使い方をみる．**手遊び歌**等で手を使う練習をして子どもに積極的に関わり，他の「楽しいこと」を設ける．積む，並べるという遊びにも大人が関わり，内容に少しずつ変化を持たせ，子どもの興味の範囲を広げていく．

・積み木を色，大きさ，手触りの異なるものの混成にする．積み木の代わりに鈴を入れた箱（自作で可）を与え，音を聞こうとして動かすことを促す．
・積み木等は箱に入れておき，大人が手渡す．子どもが言わなければ，渡す時に大人が「ちょうだい」と言う．
・大人が作ったものを横に置いてみる．
・遊びの終わりが明確でないことが多いため，片付けをする時間を設ける．いつも同じ歌を歌う等区切りを示して，少しずつ子どもを参加させる．

フォローの仕方

遊びの目的が単に並べることから模倣して何かを作ることに発展するか観察する．様々な知育玩具が市販されているが，与えるだけで満足する保護者は少なくない．対象年齢の表示にこだわらず，利用を働きかけて共に遊ぶことを優先させる．

2歳を過ぎて見立て遊びがみられない時には専門機関への相談を勧める．

> 💡ポイント　遊びが限られて運動の習得がなおざりにならないようにする

> ❌ダメ！　並べたものをそのままにしておかない

| コミュニケーション | **行動と遊び** | 睡眠 | 運動 | 身辺処理 | ✓チェック □ |

㊳ 1〜2歳頃　　偏った興味，決め事がある

堀口寿広

想定される子どもの状態

　電車の絵本ばかり見たがり動物の絵本は怒って投げてしまう，出かける時は同じ服でないと機嫌が悪い，おやつを変えると怒る等，決まり事が直接自分自身に関するものである場合，保護者は気付きやすい．この時期自分で食べ物を食べられるようになり，好き嫌いが出てくる．一方で，抱っこの仕方によって泣く，同じビデオを見たがる，保護者が同じ服を着ていないと機嫌が悪い，保護者がいつも同じ歌を歌わないと怒る等，決まり事が他者や周囲の環境にある場合は，保護者は単に「言うことをきかない子」と受け取り，決まり事があることに気付きにくい．

　興味の対象は偏っているが，例えば，服のボタンに興味を示して手を伸ばすと相手に興味を示しているようにみえる．保護者は，子どもの行動を繰り返し見るうちに偏りに気付き心配になってきた段階である．

対　応

　他に決まり事がないか，複数のエピソードからあらためて共通項を抽出する．また，保護者が容認することで強化され，結果として決まり事になっていないか，時間を追って確認する．

　この時期，決まり事の通りにならなかった時の子どもの反応が，ぐずる，不機嫌になるというものであれば，決まり事に合わせなくてよい．その子どもが楽しんでいる時の様子を大人がまねしながら，他の「楽しいこと」を示す．（結果的に）他のことに関心を示した時，決まり事以外のことができた時には，その場で大いに喜んで，褒める．

フォローの仕方

　子どもの抵抗にあい「嫌がることを無理にすると心に傷をつけるのではないか．後で影響が出るのではないか」と心配する保護者は多い．対人関係が保護者に限られているこの時期に適切に対応することで，がまんすることの練習につなげていくのである．2歳を過ぎて「待っていること」ができず，状態に変化がみられない場合は，専門機関への相談を勧める．

> 💡 ポイント　人によって対応が変わらないよう家族が方針を共有する

> ✕ ダメ！　止めさせるために興味の対象を取りあげるだけではいけない

| コミュニケーション | **行動と遊び** | 睡眠 | 運動 | 身辺処理 |

㊴ 1〜2歳頃　物を何でも回す

堀口寿広

想定される子どもの状態

　物を本来の方法では使わず，クルクル回す．押し車のタイヤを回す．ビーズコースター（針金に積み木等を通した物）の積み木を回転させる．ミニカーを裏返してタイヤを回して眺める．扇風機等の回っているものに興味を示す．子どもはこの時期，運動によって物を動かすことで楽しみを得る．運動を模倣し筆記用具でなぐり書きをする，車でない物を車に見立てて遊ぶこともできるようになる等，**模倣**，道具の用途や特性の理解と運動の複雑化を伴う．回転させるだけでは手全体の動きとなり指を使うことの習得につながらない．類似した状態として，棒状の物を目の前で振って眺める等がある．

対　応

　物の正しい使い方を根気強くやって見せる．この項目に該当する子どもは，㉚「人より物に興味を示すという」項目にも該当することがある．注意を向けさせ，以下を行う．
・押すと音が出る等，回す以外の運動で変化の生じるおもちゃを用意し，大人が使って見せる．
・道具は実際に大人が使って見せてから渡す．筆記用具であればなぐり書きして見せてから渡す．
・歌に合わせて，手足をいろいろな方向に動かす体操をする．手遊び歌で指を使わせる．
・いずれの場合でも子どもが模倣しない時は，子どもの背中にまわり手をとって一緒に動かすところから始める．

フォローの仕方

　運動自体が目を引くが，この年齢では興味の持ち方や運動の発達が密接に関わる．従って，評価は行為の回数や時間を指標とせずに，他者との関わり方や手先の運動の発達を指標とする．この年齢では保護者の関わり方が適当ではないことも否定できない．保護者が手遊び等をすることは，子どもと双方向のやりとりをする時間を確保し，愛着の発達を促す側面も期待できる．2歳を過ぎてままごと遊び（単なる見立て遊びではない）がみられない時には専門機関への相談を勧める．

💡 行為以外の側面から働きかけを行うこと

🗙 興味の対象を取りたり，叱って止めさせようとしない

| コミュニケーション | **行動と遊び** | 睡眠 | 運動 | 身辺処理 | ✓チェック □ |

㊵ 1〜2歳頃　キャラクター・乗り物への執着（極端なこだわり）がある

堀口寿広

■ 想定される子どもの状態

　キャラクターがプリントされた服でないと着ようとしない．ビデオを見てからでないと次の行動に移れないが，いったん見始めると終わらせることが難しい．キャラクターのおもちゃをどこへでも持って行く．電車を見たがり連れて行くと満足して帰ることができない．車内では運転席の後ろ等，決まった場所に行きたがる．診療所の待合室でキャラクターや電車の本を見つけると手放せず，帰ると言っても泣いて納得しない．

　子どもがキャラクターや乗り物に興味を示すこと自体は問題ではない．他のものでは代用が効かない，切り替えが効かない，言い聞かせても納得しないことが問題なのである．保護者は，**執着**の度合いを他の子どもと比較することで問題に気付きやすい．

■ 対応

　子どもの興味を尊重しつつ他のことに興味を広げる取り組みが求められる．また，日常生活習慣を身に付ける際にこだわりをうまく取り入れることも考える．

　例えば，衣服にこだわりがある子どもでは，キャラクターのものは一部に使用し，着用したら褒める．「見せる電車は○本まで」と回数や時間を決めて大人が守る．終わったらすみやかに移動させる．苦手なことをこだわりの対象とつなげてはげます．「○○マンもがんばれって言っているよ」等．診察が終わったらごほうびにシールをあげるようなことはよく行われている．

■ フォローの仕方

　子どものこだわりによって思うように行動できなくなることが，保護者の主な困り事となっている．相談担当者には，言うことを聞かないことは自立の芽生えという側面を保証する一方で，強すぎるこだわりは対人関係を持ち集団生活になじむことの難しさにつながっていくという認識が必要である．保護者から話を聴く際は，具体的なエピソードを記録してもらい，保護者が働きかけを始めても，こだわりのみられる場面が減少しなければ専門機関への相談を勧める．

> 💡 ポイント：こだわりの対象が擬人化しやすいことを活用する

> ✕ ダメ！：限度とする回数や時間を相談担当者が決めない

| コミュニケーション | **行動と遊び** | 睡眠 | 運動 | 身辺処理 |

㊶ 1〜2歳頃　極端に落ち着きがない

堀口寿広

想定される子どもの状態

手を離すと勝手に歩いて(走って)いく．抱っこされていても手足を動かしたり身体を反らす．初めての場所では歩き回る．スーパーへ行くと走り出して「ダメ」と言っても聞かない．病院へ行くと待合室を走り回り，診察中は聴診器等が気になって手を出す．

制止されて喜ぶ子どもは，大人と遊んでいる．ふだんはおとなしいが遊んでいるうちに興奮して徐々に落ち着きがなくなる子どももいる．一方で，制止されると激しく抵抗する子どもがいる．他者の存在には構わずその場を動き回る子どもは，視線が合わないことが多い．

運動の発達に応じて保護者の困り事は推移する．ハイハイを始めた途端に部屋じゅう動き回った等，1歳前から動きの多さが認識されていることがある．しかし，極端に**落ち着かない**というのは状態像であって，何が問題であるかは即断できない．

対応

必ず複数の状況での様子を確認する．話だけでなく録画してもらうとよい．加えて自宅での一日の行動を記録してもらう．落ち着きの程度に変化(例えば，電池が切れるような状態)がみられるかもしれない．

おとなしくしていなければいけない場面ではしっかり手をつなぎ，離さずにいられたら褒めてごほうびをあげる．落ち着きの変動する波を把握して行動の切り替えに活用する．レストランでは壁際の席で両親の間に座らせる等をし，目に入る刺激の量を調整し，急に飛び出せないよう工夫する．

フォローの仕方

「AD/HD（注意欠陥・多動性障害）ではないか？」と心配する保護者は多いが，この年齢で診断はできない．予断をせず，言葉の表明が十分ではない間は身体疾患を見逃さない．言葉の発達に応じて落ち着きのなさが変化するか，定期的に観察する機会を設ける．3歳児健診で医師の指示に従いおとなしくすることができなければ，専門機関への相談を勧める．

> 💡 **ポイント** 診察室では保護者が制止するタイミングと方法を観察する

> 🚫 **ダメ！** 叩いたり叱ったりして止めさせない

| コミュニケーション | 行動と遊び | **睡眠** | 運動 | 身辺処理 |

㊷ 1〜2歳頃　夜中に起きることが多い

細川かおり

想定される子どもの状況

夜中にまとまって寝ずに，起きて遊んだりする．中にはおっぱいを飲むとすぐに寝てしまう子どももいる．睡眠のリズムが整う過程で夜中に起きたり夜泣きをするのは特に心配なことではない．しかし，夜中に何回も起こされる保護者にとっては睡眠が中断されるのでつらく，どうしたら寝てくれるのかと多くの場合心配になる．

対　応

1歳を過ぎた子どもは夜中にまとまって睡眠をとるようになってくる．昼寝も合わせて1歳では11時間から13時間くらい，1歳6ヶ月から3歳で12時間くらいが睡眠の目安といわれているが，もちろん個人差がある．1歳過ぎまでは子どもによっては午前中の昼寝と午後の昼寝の2回が必要な場合もあるが，だんだん午後1回の昼寝と夜のまとまった睡眠になっていく．1歳後半くらいになると，朝の起床時間と就寝時間が決まってきて，午後1回の昼寝も2時間からしだいに1時間半ほどになっていく．昼寝は急に1回になるのではなく，疲れて元気がなくなったり，食欲がない場合には，午前中の昼寝が必要である．こうして徐々に睡眠のリズムをつくっていくのである．このように，睡眠のリズムを整えていく途中では，夜中に起きてしまうことや夜泣きを経験したりすることもあるが，多くみられることであり心配なことではない．昼寝の長さを調節する，夜の就寝を早める，朝をゆっくりにする等，様子をみながら調整してみよう．

また，父親と分担して，母親だけが子どもが夜中に起きることに付き合わないような工夫をしてみるのもよい．

フォローの仕方

あまりに夜中に起きることが多く，親が疲れてしまうような場合は，専門の医療機関への相談を勧める．

関連 ☞ ㊸㊹

| コミュニケーション | 行動と遊び | **睡 眠** | 運 動 | 身辺処理 |

❹ 1〜2歳頃　　寝つきが極端に悪い

細川かおり

想定される子どもの様子

保護者が寝かしつけようとしてもなかなか寝ない．また，「寝る時間よ」と誘っても遊んでいたりテレビを見ていて布団に入ろうとしない．走り回って遊んでいる場合もある．

対 応

1歳台は睡眠のリズムを獲得していく途中である．睡眠のリズムはある日突然獲得できるものはなく，獲得の過程では寝つきが悪いこともある．また，昼寝が2回から1回になっていったりする時期であるが，昼寝を長くしてしまった時は寝つきが悪いので，回数や長さを調整してみよう．

規則正しい睡眠のリズムがつきやすいように大人が環境を整えることが大切である．親の都合で日によって就寝時間を変えることは好ましくない．この時期は子どもの睡眠のリズムが習慣づくような環境を整えることが必要である．

まずは，朝起きる時間と夜寝る時間を決める．早寝，早起きを習慣づけることは子どもが日中十分に活動するために大切なことである．寝つきが極端に悪い場合，まずは早起きして朝の光を浴びることから始めてみよう．寝かそう寝かそうとしてなかなか早寝はできない．朝早く起こすことから始めるほうがうまくいく．

寝る前もテレビゲームをしたり活動的な遊びをするのではなく，絵本をみる等，落ち着いた静かな環境や照明を落とす等，暗い環境を用意し，睡眠をする環境を整えていこう．

中にはなかなか睡眠のリズムを獲得しにくい子どももいる．やはり，朝決まった時間に起こすことから始めるとよい．また，日中散歩をしたり身体を使って遊ぶことも取り組みやすい．気長に睡眠のリズムを整えていこう．

フォローの仕方

基本的には，生活リズムをつくっていくことが寝つきの悪さの改善につながる．しかし，いろいろな働きかけをしても寝つきの悪さが改善されず，こだわりがある等，他の面でも気になる様子があれば，専門機関への相談を勧める．

関連 ☞ ❹❹

| コミュニケーション | 行動と遊び | **睡 眠** | 運 動 | 身辺処理 |

㊹ 1〜2歳頃　　夜泣きがひどい

細川かおり

想定される子どもの状況

　子どもが夜中に急に泣き出し，その原因がよくわからない場合である．保護者はあやしたりするがなかなか泣きやまない．これが毎日続くので，保護者のほうが疲れてしまうような状態．

対 応

　1歳半ばを過ぎると，起床時間と就寝時間が決まってきて，午前と午後2回の昼寝から，午後1回の昼寝と夜にまとめて睡眠をとれるようになる．このように子どもは睡眠のリズムを獲得していくが，その過程では夜泣きを経験することもある．しかし，あまり心配することではない．子どもの様子をみながら少しずつ調整して睡眠のリズムを整えていくのがよい．

　泣いて授乳してもらえた等の子どもにとってよいことがあれば，泣けばミルクがもらえると知って泣く場合がある．このような場合には，寝る前にミルクを多めに与えて夜中のミルクを止めるとおさまる場合がある．睡眠の中でレム睡眠という，いわゆる寝てはいるが脳は活動していて夢をみているという睡眠が，一晩に何度か訪れる．毎日決まった時間に泣くのであれば「夢をみているのかも」と見守ることもできる．

　何よりも，保護者があまりイライラしないほうがよい．毎日夜中に子どもに起こされ，付き合わされて自分が十分眠れない時にイライラするなというのも無理なことではあるが，保護者のイライラは子どもに伝わり，これが夜泣きにつながったりする．こうした時は子どもの夜泣きの特徴を調べてみるのもよい．例えば，夜泣きをする時間は決まっているのかとか，何時に寝て，何時に起きたか，昼間は何をしていたか等，メモをとって眺めてみると何かヒントに気付くかもしれない．

フォローの仕方

　生活リズムを整えていくことが大切．しかし，なかなか夜泣きがおさまらず，保護者が疲れてしまうような時は，専門機関への相談を勧める．

関連 ☞ ㊷㊸

| コミュニケーション | 行動と遊び | 睡 眠 | **運 動** | 身辺処理 |

㊺ 1〜2歳頃　つま先立ちを長くする

田村麻里子

想定される子どもの状況

つま先立ちを長くするのには，①遊びで行っている場合，②筋肉やアキレス腱等神経や**整形外科的な問題**の場合，③感覚が**過敏**なために足の裏が床等につくのが嫌な場合，④③と反対で感覚が鈍感なために，感じにくい感覚を感じるために，自分自身で刺激を取り込む（自己刺激）の4つの場合が考えられる．

対　応

①に対して，つま先になると目線が少し高くなったり，つま先立ちの感覚を楽しんでいる場合，状況によってやったりやらなかったりする場合は様子を見よう．

②に対しての神経や整形外科的なものの場合は，アキレス腱が伸びにくい，関節の動きに制限がある場合等，それまでの様子と合わせて判断して，専門機関を受診してみよう．つま先立ちだけでなく，手の動き（小さいものをつまめない等）の発達にも心配がある場合や身体全体の緊張が高い等の場合も，受診することを勧める．

③と④に対して，家の中ではなるべく裸足で過ごし，手足を使った遊びを心がけて，過敏さをとる．慣れてきたら，外でも裸足になる時を少しずつ作っていこう．砂場や芝生の上等．遊んだり，くすぐる，トランポリン等．

フォローの仕方

③と④の場合，遊びの際，いきなり感覚の強い物に触れさせるのではなく，少しずつ慣れさせていき，最初は短時間でやわらかい物から徐々に硬い物等にしていく．

「コミュニケーション」や「行動と遊び」，「睡眠」の項目においても心配がある場合は，専門機関へ相談することを勧める．

関連 ☞ 19, 46, 62, 63, 64

| コミュニケーション | 行動と遊び | 睡 眠 | **運 動** | 身辺処理 | ✓チェック |

㊻ 1～2歳頃　　歩き方がいつまでもぎこちない

田村麻里子

想定される子どもの状況

　1歳前後では，5頭身くらいの体型のために，大人よりも重心の位置は高くなる．このため，歩き始めの子どもは，**歩行**を安定させるために，足を外側に向けて踏み出し，歩幅を広くとる．両手を挙げて歩くのは，手によるバランスの補助であり，上手に歩けるようになってくると，手を下げた状態で歩けるようになってくる．歩き始めて2～3ヶ月以上経ってくると，歩き方は安定してくることが多い．しかし，いつまでも両手を上げてぎこちない歩き方をしたり，転びやすかったりする要因としては，「バランスの悪さ」や，いつも大人が手を持って歩かせる，すぐに抱っこされてしまう，いつもベビーカーに乗っている等，自分でバランスをとって歩く「経験の少なさ」が考えられる．

対 応

　両手を持って無理に歩かせず，ハイハイをして動きたがる場合は，ハイハイをさせる．ハイハイやつかまり立ちは，足の筋肉を十分に使い，両手・両足を使ってバランスをとることも覚えることができる．歩いている場合でも，ハイハイで追いかけっこや，お馬さん競争やトンネルくぐり，坂を上る等を遊びながらやるとよい．その時，大人が手本となって子どもを誘ったり，まねをさせる等，工夫が必要かもしれない．
　バランス感覚の遊びとしては，シーツゆらゆら（シーツ等，大きな布の中に子どもが寝て端と端を大人が持ってゆらす），タカイタカイ，飛行機等，身体を使った親子遊びがよい．

フォローの仕方

　身体を動かすことが楽しいという経験や，よい事があるという経験をたくさんすることが大切．
　歩き方のバランスの悪さ，というのは歩き方だけではなく，手の使い方の不器用さ等とも関連している場合がある．全体的な発達のチェックもしてみよう．

関連 ☞ ⑲ � ㊲ ㊳ ㊴

| コミュニケーション | 行動と遊び | 睡　眠 | 運　動 | 身辺処理 |

㊼ 2〜3歳頃　　自分の思い通りにいかないとすごく怒る

田中信子

想定される子どもの状況

　生活や遊びのいろいろな場面で，自分でやりたいけどうまくできなかった時や，まだ遊びたかったのに途中で切り上げられてしまった時等，すごく怒って気持ちがおさまらなくなる．また，予想外の反応を友達にされてしまった時には，相手の子を引っかいたり，押し倒してしまったり，噛みついたりしてしまうこともある．行動に順番が決まっていて1つでも抜けると怒る．1つの遊びに固執し，同じ遊びを繰り返ししていることが多い．怒り出すと周りの状況が見えなくなり，物や人に当り散らしてしまうこともある．

　要因としては「**こだわりが強い**」「物事の**切り替え**がうまくできない」「**自己中心的な生活**」「**感情のコントロールが苦手**」が考えられる．

対　応

　見通しが持てるような言葉かけをし，状況をわかりやすく伝えていく．がまんができた時は褒め，子どもの気持ちに寄り添い自信を持てるようにし，感情のコントロールができるようにしていくことが求められる．激しく怒ってしまったら，おさまるまでは気持ちを受け止め見守り，**クールダウン**できる環境を整えよう．行動を叱らないが譲らないという姿勢で冷静に関わる．友達との関わりの中で手が出てしまった時は，その子の気持ちを代弁し，友達との関わり方を知らせていく．

フォローの仕方

　すごく怒ってしまった原因を分析し，成長の過程による自我の芽生えや自己主張の強さなのか，その子の本来持っているものの弱さなのかを見極めるため，全体的な発達をみる．その上で，その子自身の弱さを感じる時は専門機関への相談を勧める．

関連 ☞ ㊳ ㊽ ㊾ 58

ポイント
・怒ってしまった気持ちを受け止め，原因を分析する
・全体的な発達をみる

ダメ！
子どもが怒っている時に親も激しくいらだったり怒らない

| コミュニケーション | 行動と遊び | 睡眠 | 運動 | 身辺処理 |

㊽ 2～3歳頃　　言い聞かせてもわからないことが多い

帆足暁子

想定される子どもの状況

保護者が「もうお家に帰ろうね」と言っても「いやだ，帰らない」と言い張る．寝る前に絵本を読んで「もう，終わりにしようね」と言っても「いやだいやだ，もうひとつ」と言うので仕方なくもう一冊読み，「はい，これでおしまい」と言っても「いやだいやだ」と言って，泣いて怒る．自分の気持ちを強く主張できるようになってきたものの，どのようにそれをおさめたらよいのかわからない．

対応

何回言い聞かせてもわからない時には，その指示が入りにくいのかもしれないので，まずはどう言い聞かせているのかを確認する．子どもを納得させようとして説明をし過ぎている場合には，かえって子どもの気持ちが切り換えにくくなるので「もう，おわり」と言って，子どもがどんなに泣いて騒いでも一貫した姿勢を崩さないようにする．また，**反抗期**で，**自我**が強く，譲ろうとしないのであれば，1回言った後で少し時間をおいて，生活の節目等で再度言い聞かせると子どもが納得することもある．しかし，朝の着替えのように基本的な生活習慣の場合は，どんなに嫌がっても「洋服は着るもの」と言って，泣いても毅然として着せることが必要な場合もある．また，子どもは拒否をしているつもりではなく，子どもが指示を理解できずにいることに親が気付かず，言い聞かせたつもりになっていることもあるので，その点は配慮が必要である．こだわりの強さからなのかわからないこともあるので，適切な判断が必要である．

フォローの仕方

まず，原因を考え，一番納得のできる対応をして子どもの様子をみる．的確な対応であれば，言い聞かせる回数が減ったり，育てにくさがなくなる．もし，変化がなかったり，さらにひどい状況になったりした時には，子どもの原因を再整理する必要がある．また，**第一次反抗期**であれば3歳を過ぎると落ち着いてくることもあるので，時間をおくことで判断できることもある．

関連 ☞ 27 47 49 58

| コミュニケーション | 行動と遊び | 睡 眠 | 運 動 | 身辺処理 | ✓チェック □ |

㊾ 2〜3歳頃　人の言うことを聞かない

帆足暁子

想定される子どもの状況

　家や保育園等でプラレールをして遊んでいる時に，「面白そうね，これ見て，新幹線だよ」と声をかけても，自分の遊びを続けているだけで応えない．他の子どもが持っているおもちゃを取ってしまうので「これが欲しいの？　でも，これはダメよ．返そうね」と言っても，知らんふりして遊び続ける．自分の世界では安心できるが，人とのつながりが持てないために，人の関わりに気付けない．

対　応

　まずは，声が聞こえているのかを見えない所で音を出して確認する．聞こえているのに対応しないということであれば，語りかけられている言葉が自分に向かっているということがわからない可能性がある．子どもと目を合わせて言葉をかけるか，子どもの注意を引きつけて言葉をかける．もしくは，語りかけられている内容が理解できていないとすれば，認知的な問題がある可能性もある．その場合は，ゆっくり語りかけるか，子どもの身体を動かして，どうする行動がよいかを教えていく．**愛着関係**ができていないために，指示を聞こうとする姿勢が持てないのであれば，愛着関係をつくることから始める．たくさん愛情をかけて言葉や遊び，関わりを通して特別な存在だと認識してくれるようにする．

フォローの仕方

　繰り返し，注意を向けながら話しかけることで，語りかけが自分に向けられていることを実感できるようにする．語りかける言葉は理解できるように，ゆっくり，簡潔にする．同じ場面で同じやり方をすると，言われていることの理解が進む場合もある．このような体験を重ねることで，言われていることがわかるようになるかをみていく．愛着関係での問題であれば，子どもとの関係が深まるか，意図の共有ができるかをみていき，その後に言うことをきくことができるかをみていく．いずれにしても，人との関係を築く力の弱さが考えられるので，気になったらまず専門機関への相談を勧め，一緒に子どもの育ちをみていくようにする．

関連 ☞ ㉖ ㊽ ㊿

チェック				
コミュニケーション	行動と遊び	睡眠	運動	身辺処理

㊿ 2〜3歳頃　手遊び歌に関心がない

帆足暁子

想定される子どもの状況

保育園や子育て支援センター等で大人が**手遊び歌**をやっていても興味を持てずにやろうとしないか，見ようとしない．関係なく自分の興味のある遊びをしている．一緒にやるように誘われても，誘われればその場所で見てはいるが，手を動かそうとしない．他の子どもが楽しそうに手遊びをしていても，他の子どもの様子に関心を向けることもない．あるいは，電車等，自分の執着している遊びをやり続ける．

対　応

手遊び歌は，遊びとして歌そのものを楽しむので，楽しい気持ちを感じ取ることができないと難しい．そのためには楽しい気持ちの共有が必要である．子どもが楽しんで遊んでいる時に一緒に楽しさを共有し，楽しい気持ちを共に体験していく．また，手遊びは何かを始める時の導入に使われたり，注意を向けるための契機として使われることが多い．しかし，子どもに注意や意図の共有ができないと，手遊び歌に関心を向けることは難しい．まず，手遊び歌の前段階として，指差しの共有やあいさつ等の大人の意図を共有でき，指示に従うことができるようにしていく．もしくは，手遊びで，自分が何を期待されているのかわからないこともあるので，その場合には子どもの目の前で，手遊び歌に合わせて子どもの手を持って動かしてみることで，手遊び歌ができるようになることもある．執着しているものが，手遊びに関心を持たせなくしている場合は，手遊びをする時に，いったん目の前から見えないところに置いておく等の環境調整も必要である．

フォローの仕方

手遊び歌をしている様子に目を向けることができたり，その場を楽しむことができるようになるかを観察する．必ずしも手遊び歌に関心を向けることが大切ではなく，みんなと同じ活動ができるか，楽しめるかということを見ていく必要がある．

2歳から3歳にかけて様々に働きかけても関心が出てくる様子が全くみられない場合は，専門機関へ相談することを勧める．

関連 ☞ ⑪ ㉔ ㉕ ㊾ ㊻

| コミュニケーション | 行動と遊び | 睡眠 | 運動 | 身辺処理 |

51 2〜3歳頃　言葉の発達が遅い

小枝達也

想定される子どもの状況

言葉の発達には個人差が大きいため，①個人差の範疇として一時的に遅れている場合，②不適切な養育環境が影響して遅れている場合，③ある疾患の症状として言葉が遅れている場合の3つが想定される．どの状況に該当するかについては，言葉の遅れの程度を判断して，その遅れがどのように変化するかをみながら判断する．

	言語理解の遅れの目安（重い順に記載）	発語の遅れの目安（重い順に記載）
2歳	(1) 身体部位の指差しができない (2) 絵本を見て動物や果物の指差しができない	(1) 有意味語がなく，喃語も少ない (2) 有意味語はないが，喃語はよく話す (3) 有意味語を話すが2つ以下である
3歳	(1) どっち？　という質問の意味が理解できない (2) 誰が？　あるいは何が？　という質問の意味が理解できない	(1) 単語しか話さない (2) 2語文が出ない（パターン化した2語文は除く）

対応

家庭でのアドバイスをしてその変化を観察しながら経過をみる．アドバイスには，「有意味語が出ていない子であれば，その子が発する喃語を大人がまねをして喃語でのやり取りをする」，「多少の単語が話せる子であれば，絵本の中の動物等や身体部位の指差しをしながら名称を聞かせる」等がある．おうむ返し（意味はわかっていないが言葉を繰り返すこと）が出るようになると，やがて意味のある言葉へと定着することが期待できる．絵本の読み聞かせは，言葉の発達にとても有効である．

フォローの仕方

1歳くらいの言葉の遅れがあれば，専門の療育機関への相談を勧める．

> **ポイント　絵本の読み聞かせのコツ**
> ・短めで物語りになっている絵本を選ぶ
> ・親がページをめくる
> ・子どもが勝手にページをめくりそうになったら，読むのをやめて落ち着くのを待つ
> ・毎日，続ける
> ・特に寝る前の絵本の読み聞かせが，言葉の発達だけでなく寝かしつけるのにも有効

| コミュニケーション | **行動と遊び** | 睡眠 | 運動 | 身辺処理 |

㊿ 2〜3歳頃　　特定のものを異常なほど怖がる

京林由季子

想定される子どもの状況

　子どもは，1歳を過ぎる頃より自分のまわりの世界に起こっていることに敏感になるが，不快な物に対して身を守れないため，特定の物に**恐怖心**や**不安**を示すようになることが多い[1]．恐怖の対象は，特定の物（犬や猫，鳥）や特定の状況（暗闇，頭を洗うこと），特定の場所（トイレ，扉のすき間）等，様々であるが，身近な物がほとんどである．その動物に追いかけられた経験がある，周囲の大人が怖がる様子を見た，痛い思いをした等，子どもなりに恐怖を感じた原因がある時に怖がる．一度何かで怖がらせてしまうとその扱いは難しく，特定の物を見ただけで外出できない，頭を洗えなくなる等，しつけがうまくできない状況に陥る場合もある．

対 応

　子どもの恐怖や不安に寄り添い，それを軽減する関わりを進める．
　身近な大人が，その物が安全であること，平気であることを態度で示したり，絵本で見せたりする．
　怖がる物への対処のし方について行動のレパートリーを広げる（目をつぶる，お守りを持つ，好きなヒーローに変身する，等）．

フォローの仕方

　怖がるものを無理強いするのではなく，遊びや生活の様々な場面を通じて子どもが自分の力に自信を持てるようにする．
　特定の物への恐怖が，独特の注意の向け方や，**感覚の過敏さ**からきている場合がある．怖がり方だけでなく，遊びの内容や他児との関わりにも気になる特徴がみられる場合には，専門機関への相談を勧める．

関連 ☞ ㊱ ㊳ ㊴ ㊵ ㊼

| コミュニケーション | 行動と遊び | 睡　眠 | 運　動 | 身辺処理 | ✓チェック |

❺❸ 2〜3歳頃　　慣れない建物には怖がって入れない

京林由季子

想定される子どもの状況

子どもは好奇心が旺盛で何に対しても興味を示すものの，ショッピングセンターや屋内駐車場，映画館等の建物を初めて目にした場合，子どもからみれば，その中がどうなっているのか予測がつかない．そのため，それを怖がる場合もあれば，子どもなりにそれに何らかの恐怖を感じる理由がある場合もある．

しかし，その怖がり方が尋常でなかったり（**パニック**を起こす，失神する等），特定の建物には入れるが，それ以外の建物に入ろうとすると著しく抵抗を示したりする場合には，**感覚過敏**や**独特のこだわり**等が背景にある場合もある．

対　応

子どもの**恐怖**や**不安**に寄り添う．

子どもの不安を軽減する．その建物の中に何があるのか，パンフレットやビデオ，事前に撮った写真等を見せる．

子どもに予測を持たせる．その建物で何をするか，パンフレット等を用いて子どもにわかりやすいように説明する．

小さな目標で成功体験を持つ．"建物の入り口を見る""一歩だけ中に入って帰る"等，無理強いせずできそうな目標で取り組む．

フォローの仕方

日常的に褒める等，肯定的に対応し，子どもが自分の力に自信を持てるようにする．
また，新規の場所については，子どもが安心できるようていねいな対応を心がける．
大声を出したり，泣き叫んだりする等，怖がり方が尋常でない場合は，パニックの状況と共に，他児との関わりの様子等について確認し，専門機関への相談を勧める．

関連 ☞ 36 52 53 54 78

| チェック | コミュニケーション | **行動と遊び** | 睡眠 | 運動 | 身辺処理 |

㊴ 2〜3歳頃　初めてのもの，場所を怖がる

京林由季子

想定される子どもの状況

子どもは好奇心が旺盛な一方，初めてのものや場所，場面を目にすると，知らない環境にどう対処してよいのかわからないため不安感を抱くことがある．従って，子どもが初めて出会う乗り物や動物，遊具等を怖がるのはある意味自然なことである．

一方，初めてのものや場所への反応が**パニック**を伴うほど極端な場合，"いつもと同じ"へのこだわりから初めての場所に抵抗を示していることが考えられる．また，失敗を恐れて関わろうとする意欲がみられない場合には，**見通しを持つことの困難**，**こだわり**，**自己肯定感の低さ**等がその要因として考えられる．

対応

子どもが好きな物や好きな遊びを増やしていく中で，外界への好奇心を育てていくことを大切にする．

初めてのものや場所への関わり方を大人が具体的に示す，あるいは，事前に説明する等して子どもの不安を軽減すると共に，楽しみや期待を持たせる．

関わる時間や場所を区切り，無理強いしないようにし，成功体験が積み重ねられるようにする．

フォローの仕方

大人の子どもへの関わりが，過干渉であったり，否定的であったりしないか確認する．

なお，子どもの中には，初めての場所への過剰適応をみせる子どももいる．一見その場でおとなしくしていても，帰宅後や翌日にそのストレスが出てくる場合があるので，無理強いしないように注意する．

関連 ☞ 36 52 53 55 78

| コミュニケーション | **行動と遊び** | 睡　眠 | 運　動 | 身辺処理 | ✓チェック □ |

(55) 2～3歳頃　　妙に神経質である

京林由季子

想定される子どもの状況

　ゴミ箱の位置がズレていると直さないと気が済まない．部屋のドアが少しでも開いていると気になり，その度に閉めに行く．本棚の本が一定の規則で並んでいないと不機嫌になる．決まったメーカーの肌着しか着ない．手や服が少しでも汚れるのを嫌う．このように，物の位置や順番，服装等に几帳面すぎる子どもがいる．要因としては，**こだわり**や**感覚の過敏さ**等が考えられる．

対　応

　こだわりは自分を安定させるための手段でもあるので，許容できるものは許容し，子どもの興味・関心を広げていく関わりを原則とする．
　生活上支障のあるこだわりについては，許容しやすい条件や，よいこだわりに変えていく．例えば，ゴミ箱の位置へのこだわりには，一定の範囲を線で囲み，その中に置けばよいことにする．
　わかりやすい環境を整える．不安が強くなるとこだわりも強くなるので，次に何をするか見通しが持てるように，実物や日課表等で具体的に示す．**環境の変化**やスケジュールの変更についても，事前にわかりやすい方法で予告する．
　感覚の過敏さの場合は，無理強いをしないよう，受け入れることのできる刺激の種類や範囲を少しずつ広げていく．

フォローの仕方

　親子でのやりとり遊び等の楽しいやりとりの中で，相手の要求や，ルールの変更等を受け入れる経験を積む．支障が出ている場合には，専門機関へ相談することを勧める．
　神経質となる行動の背景について確認するとともに，遊びの内容や他児との関わり等の面で気になる特徴がないか確認する．

関連 ☞ 54 83 94 95 99

(56) 2～3歳頃　ごっこ遊びをしない

京林由季子

想定される子どもの状況

子どもは2歳頃になると，**象徴機能**の発達により，大人と一緒に簡単な**ごっこ遊び**を楽しむようになり，3歳頃には，イメージを広げながら，ままごと，ヒーロごっこ等，自分以外の何者かになって遊ぶ**ごっこ遊び**を発展させていく[2)].

しかし，この時期になっても，ブロックを積んでは壊す等，単純でパターン的な遊びに没頭する，友達と遊具の取り合いをするが，やりとりをしながら遊ぶことができない，1つの遊びに集中することができない等，ごっこ遊びがみられない子どももいる.

対　応

全体的な発達に幼さがみられる場合には，その段階の遊びが十分に楽しめる環境を整えるとともに，経験を増やし子どもの興味・関心を広げていくようにする.

自発的には人のまねをしない子どもの場合には，大人と1対1のやりとり遊びを通して，人への意識を育て，やりとり遊びで使うスキルを教える．子どもが興味を持っている絵本やキャラクター，買い物や動物園等，実際に経験していることを遊びに取り入れるとよい．動くことが好きな子どもの場合には，大人がついた三輪車遊びやボール遊び等，身体をよく動かすやりとり遊びを心がける

フォローの仕方

この時期の子どもには，内気な性格のため，友達の輪の中に入ってごっこ遊びをすることができない子どももいる．年齢相応の発達を示し，必要な場面では他の子どもとのやりとりができるかどうか観察する．2歳半になっても，簡単なごっこ遊び（追いかけっこや電話ごっこ）がみられない場合は，専門機関への相談を勧める.

関連☞ ㉚㉝(57)(73)(76)

| コミュニケーション | **行動と遊び** | 睡眠 | 運動 | 身辺処理 | ✓チェック □ |

(57) 2〜3歳頃　独特なごっこ遊びをする（相手のいない自分一人だけの世界で遊ぶ）

京林由季子

想定される子どもの状況

　一見，楽しそうにごっこ遊びをしているようにみえるが，近くで見ると，保育園での先生のセリフや登園の道順をそのまま再現していたり，電車のアナウンスやアニメの台詞を記憶し，延々とそれをひとり言で再現していたりする場合がある．目の前に実在しないものを想像することが苦手な子どもの中には，このような**再現遊び**に没頭してしまう場合がある．この場合は，大人や友達が介入しようとしても，セリフが決まっているため違うセリフを言うと抵抗を示したり，役割の交代ができなかったりする．環境の変化等の不安な状況や苦手な活動から自分を守るために，再現遊びに没頭している場合もある．

対　応

　大人が部分的にその遊びに加わり，一部のセリフを受け持ったり，ほんの少しセリフをアレンジしたり，他の子どもとの関わりを仲介したりする．

　遊びの終わり方についても，子どもと取り決めをする（チャイム，サイン等）．

　当番活動や小集団活動等においても，友達と一緒に物を運んだり簡単なゲームをしたりする中で，相手を意識すること，役割交替やルール等，人と関わるスキルを具体的に経験させる．

フォローの仕方

　強い不安から再現遊びへの没頭がみられる場合には，専門機関へ相談を勧め，助言等を得ることにより，子どもが見通しが持てる環境を工夫する中で，大人とのやりとりや信頼関係を育てる．また，一人で再現遊び等，好きなことに没頭できる一定の時間や空間を保障する．

関連 ☞ ㉚ ㉝ ㊱ ㉝ ㊼

☑チェック

| コミュニケーション | **行動と遊び** | 睡眠 | 運動 | 身辺処理 |

(58) 2～3歳頃　　かんしゃく，パニックを起こすことが多い

京林由季子

想定される子どもの状況

　この時期の子どもは，自我の育ちの表れとして，「自分で」「イヤ」と強く自己主張することも多くなり，思い通りにいかないと，泣いたり，**かんしゃく**を起こしたりして親を手こずらせる[2]．中には，床にひっくりかえって大泣きし，平気で1時間程泣きわめく場合もある．程度の差はあれ，**かんしゃく**はこの時期の子どもにごく当たり前にみられる成長過程の1つである．子どもは，子どもの**自我**の育ちを積極的に受け止め，見守ってくれる大人の存在によって，自分の感情を鎮め，気持ちを立て直していくことを学ぶ．

　しかし，特定の物や言葉へのこだわり，音等の特定の感覚刺激，見通しが持てない不安等から**パニック**を起こし自傷や他害がみられたり，大人との愛着関係の問題からパニックを起こす場合もみられる．

対　応

　パニックになった時は，焦ったり，怒ったりせず，気持ちを落ち着けて淡々と子どもに接する．

　場所を変える，別の物を与える等，代替手段を用意しておく．原因となっているものがあればそれを隠す．

　パニックがおさまってから，子どもの気持ちに共感する言葉をかける．周囲の人が迷惑するとわかってやっている場合には毅然として応じない．

フォローの仕方

　パニックに困り果て，疲れ切っている保護者の心情に十分共感し，ねぎらう．また，パニックのこれまでの経過，遊びの内容，他児との関わりの様子をよく確認する．その上で，日常生活の中で褒める等，肯定的に対応できる場面を保護者とともに確認する．ケガにつながるような自傷や他害がみられる場合や，保護者との愛着関係の問題がみられる場合には，専門機関と連携した対応が必要となる．

関連 ☞ 36 38 40 83 86

| コミュニケーション | 行動と遊び | **睡　眠** | 運　動 | 身辺処理 |

(59) 2〜3歳頃　　夜中に起きることが多い

細川かおり

想定される子どもの状況

　いったんは寝付くものの，夜中に身体を起こしてみる等，起きているような様子がうかがえる．この場合覚醒していない場合も多い．中には夜中に目を覚まし，遊び始める場合もある．起床時間や就寝時間が決まっていない，食事を決まった時間に食べていない等の生活リズムの乱れが背景にある場合が多い．

対　応

　2〜3歳であれば，まず生活リズムが整っているかを見直し，生活リズムを整えていくことが望まれる．生活リズムとは，起床と就寝が決まっており（早寝早起き），その間に活動と休息，食事が規則正しくリズムを持っていることである．そもそも人は体内時計を持っており一日のリズムがある．朝起きてしばらくすると活発になり（これが午前中の活動にあたる），昼食を食べると少し活発さは下がる（この時間が午睡となる）．午睡から起きると少し活発になるが，就寝に向けて活発さは下がっていき就寝する．早寝早起きの生活リズムは子どもを成長させるホルモンの分泌にもよい．一方，生活リズムがズレると大人でいう「時差ぼけ」のような状態になり，日中も身体がだるかったりして十分な活動ができない．例えば，起床時間が2時間いつもより遅くなった状態を考えて欲しい．朝9時から活発に活動できるはずが，2時間ズレて11時から活発に活動する．当然，周りが昼寝をする時間には，今度はまだ活発に活動中で眠れない．2時間ズレて昼寝をすれば昼寝から起きる時間も夕方になり，当然夜早く寝ることはできなくなる．早寝早起きの規則正しい生活リズムがいかに大切かわかるであろう．生活リズムを整え日中十分に活動することが，夜ぐっすり眠ることにつながっていくのである．

フォローの仕方

　基本的には，生活リズムを整えるようにしていくことが改善につながる．保護者だけでは生活リズムを整えるのが難しく，状況が改善されなければ，他の発達面も加味した上で専門機関への相談を勧める．

関連 ☞ ㊻㊽

(60) 2～3歳頃　寝つきが極端に悪い

細川かおり

想定される子どもの状況

寝かせようと思って添い寝してもなかなか寝つかない．また，着替えて寝るように誘っても遊んでいてなかなか布団に行かない．テレビを見たりゲームをしていてなかなか寝るという雰囲気ではないこともある．

対　応

睡眠については個人差があることではあるが，生活リズムが整っていないことが原因であることが多い．次のことができているかチェックしてみよう[3)4)5)]．

・朝ご飯は食べているか．
・テレビゲームはどれくらいするか．
・寝る時間はだいたい決まっているか．
・早寝をしているか（9時前が望ましい）．
・毎日どれくらい運動しているか（1時間以上だととてもよい）．

朝起きたらカーテンを開けて日光を浴びると体内時計をリセットしてくれる．ホルモン分泌の関係からも，早寝早起きの習慣をつけていくのがよい．夜遅く帰ってきたお父さんと遊んで夜更かしするのは望ましくないので，お父さんと遊ぶのなら朝に時間をとるようにしよう．夜遅くまで起きている日を作らないことが大切である．

昼間の運動量が足りなければ，子どもは夜になってもエネルギーが余って，遊びたくてなかなか寝つけない．午前中は散歩したり外で身体を動かす等，親子で十分遊ぼう．

寝つくための環境としては部屋を暗くするのがよい．明るいといつまでも「昼間」のように感じてしまう．直前までテレビのように明るい光の中にいることも同様である．また，ゲームをすると脳が活動し，やはりすぐに寝付くことは難しい．徐々に気持ちも「休む」状態にしていくために環境を整えよう．眠るための儀式（例えば，好きなタオルを持って寝る，家にあるものにおやすみをいう等―入眠儀式という）をするのもよい．

フォローの仕方

いろいろ試してみても寝つきが極端に悪く，他にもこだわり等，気になる行動がある場合は，専門機関への相談を勧める．

関連☞(59)(61)(67)

(61) 2～3歳頃　夜泣きがひどい

細川かおり

想定される子どもの状況

いったんは寝るものの，夜中に起きて泣く．あまりにも続くと，保護者のほうが疲れてしまったり心配することが多い．

対　応

睡眠のリズムが整う過程での夜泣きはだんだんおさまってくる時期である．この頃の夜泣きは，昼間興奮しすぎたとか，昼間子どもにとって嫌な体験が影響したりする．また，親がイライラしていたり疲れたりしていると子どもが敏感に感じ取り夜泣きをすることもある．原因が思い当たるのであれば，取り除くことが望ましい．しかし，なかなかわからない場合もある．いずれにしても，添い寝する等をして子どもを安心させることがよい．また，敏感な性格の子どもであれば，日頃から情緒が安定するような働きかけもよいかもしれない．一時的なものであればあまり心配しすぎないほうがよい．

昼間，親子で十分遊ぶこともよい．十分に身体を動かして遊ぶことで子どももエネルギーを発散できるし，親子で一緒に笑ったり楽しむことは情緒の安定にも効果がある．子どもが遊んでいるのを見てるだけではなく，一緒に思い切り遊んでみよう．

生活リズムがなかなか整いにくい子どももいる．夜なかなか寝ずに朝起きるのも遅い．夜中に起きて遊んでいる等の場合もある．こうした子どもは夜泣きをすることがある．生活リズムが整うに従って夜ぐっすり眠るようになるので，少しずつ生活リズムを整えていくことが必要である．まずは，朝早く起こして朝の光を浴びるところから始めてみよう．

フォローの仕方

まず，生活リズムを整えるようにしていく．なかなか改善されず，保護者も疲れてしまっているようなら，専門機関への相談を勧める．

関連 ☞ ㊱(59)(60)

| チェック | コミュニケーション | 行動と遊び | 睡眠 | **運動** | 身辺処理 |

62 2〜3歳頃　ジャンプができない

田村麻里子

想定される子どもの状況

2歳を過ぎると，歩きが安定し，かけっこが上手になってきて，またぐ，少し高いところから飛び降りる，鉄棒にぶら下がる等動きが活発になってくる時期である．

バランスがうまくとれないと，跳ぶということはとても不安定な状態になるので，怖がる子どももいる．**ジャンプをする**まねはするけれど，片足はついたままであったり，つま先は離さない等，不安定になるのを嫌がる．考えられる要因としては，経験の少なさ（周囲が危ないからとあまり運動をさせない，歩かせないあるいは歩きたがらない等），**筋の緊張が弱い**，**バランス**が悪い，身体をうまく使えないということが考えられる．

対　応

この時期は，身体を積極的に動かす経験が大切である．日中はたくさんの活動をし，歩く，音楽に合わせて踊る，走る，坂道や土手を登る（下る）ことは基本であり，バランスをとる遊び（ブランコに乗る，ひもをつけた箱の中に子どもが入って大人がひもを引っ張る，バランスボール等）大人が関わりながら身体を動かすのが楽しいという体験をたくさんすることが大切である．

テレビを見ることが多い，室内で静かに遊ぶことが多い，ということがないか，遊び方を含めた生活リズムを見直すことが必要．また，抱っこばかりしていないか，動きたがっているのに制限ばかりしていないか，周囲の関わり方を見直す必要もある．日頃から十分に身体を使って遊んでいる場合は，段差から飛び降りてみる等ちょっとした経験でジャンプできるようになることもある．

フォローの仕方

バランスが悪い場合，バランス遊びを嫌がることがある．どんな遊びが好きで，どんな遊びが嫌いなのか，よく観察してみよう．決して無理強いをしてはいけないが，嫌がるからやらないのではなく，ブランコを嫌がるが，抱っこされてやれば大丈夫等，遊び方を工夫していくことが必要かもしれない．

関連 ☞ 19 45 46 63 64

| コミュニケーション | 行動と遊び | 睡眠 | **運動** | 身辺処理 | ✓チェック |

㊿ 2～3歳頃　　階段を上がれない

田村麻里子

想定される子どもの状況

歩き方が安定してくる1歳6ヶ月頃までは，手を引いてもらうか，手すりにつかまりながら階段に登ることが多いが，その後一人で一段一段足をそろえながら登れるようになってくる．そして3歳頃には足を交互にして階段を登れるようになる．階段を登る時は，片足で**バランス**が取れないため，階段を上がることができないことがある．また，**乱視**，**斜視**等，**視機能の問題**があると空間認知をしにくく，階段を怖がる場合がある．

対　応

基本的には身体を使ってたくさん遊ぶことである．ボールを蹴る，小さな高さのものをまたぐ，線の上や平均台のような細いところを歩く，というような遊びは，片足でバランスをとったり，意識して歩いたりすることにつながる．リズム遊び等もよい．ブランコも乗っている間バランスをとることになるのでよい．

フォローの仕方

普段の身体の使い方をよく観察してみよう．歩き方のバランスが悪い，トランポリン等，不安定な場所を極端に嫌がる，ご飯の時等の手の使い方が上手くない等，他の気になることがあるかもしれない．

階段を上がることを極端に嫌がる場合は，医療機関に相談してみるとよい．

乱視や斜視がある場合，目を細めたり斜めから見ることがあったり，写真で目が寄っているあるいは離れている等，目の位置がおかしいと気付くようなことがあった場合には，視能訓練士がいる眼科を受診してみることを勧める．

関連 ☞ ⑲ ㊺ ㊻ ㊷ ㊿

✓チェック

| コミュニケーション | 行動と遊び | 睡眠 | **運動** | 身辺処理 |

㊽ 2～3歳頃　　利き手が定まらない

田村麻里子

想定される子どもの状況

　この頃の子どもは，たいてい利き手が定まってくることが多い時期だが，3～4歳頃にはっきりと決まってくる．利き手が定まってくる，ということはより細やかな作業をするために左右の役割分担をするということにつながり，上手にスプーンや箸を使ってご飯が食べられる，絵を描く，ということにつながる．利き手が定まらない要因としては，平衡感覚の発達の遅れ（または鈍さ）が考えられる．この場合，落ち着きがない，筋の緊張が弱い（姿勢が悪い，バランスが悪い），不器用，言葉が遅い等の特徴と一緒に表れることがある．

対　応

　利き手が定まらないからといって，手を使うことを増やすだけではなく，やはり全身を使った遊びをたくさんすること，中でも平衡感覚を刺激する遊びをたくさんしながら子どもが楽しいという経験を体験することが必要である．大人が無理に手を持ってスプーンを持たせる，クレヨンを持って描かせる，というようなことは逆効果になりかねない．ブランコやバランスボール，トランポリン等，バランスをとる遊びは，平衡感覚へのよい刺激になる．

　嫌がらなければ，お風呂場や砂場等，こぼしてもいいような状況でコップからコップに水を移す，じょうろで水をかける等の遊びは楽しめるだろう．

フォローの仕方

　嫌がる遊びは，強制しない．好きな遊びを少しずつ増やしていき，大人がたくさん関わり，遊び方を変えていくとよい（例えば，バランスボールにうつ伏せで揺らすのが好きな場合は，十分にその遊びをした後，ボールに仰向けに寝てみる，座ってみる等）．遊んでいる時は，十分に声をかけ，楽しんでいるのか，嫌がったり怖がったりしていないか，表情をよく観察する．泣かないし，嫌がっていない，と思っても，怖くて何も言えない場合があることを念頭におく．4歳を過ぎても利き手が定まらない時は専門機関への相談を勧める．

| コミュニケーション | 行動と遊び | 睡眠 | 運動 | **身辺処理** | ✓チェック □ |

㊶ 2〜3歳頃　　トイレに行くのを拒否する

京林由季子

想定される子どもの状況

　子どもは，2歳頃になると**排泄**の自立のための身体的機能が整い，3歳頃にほぼ排泄が自立する．しかし，**こだわり**が強かったり感覚の過敏さがある子どもの中には，紙おむつの感触へのこだわりからパンツへの切り替えが難しかったり，お風呂やカーテンの影等，トイレ以外の場所で排泄する習慣が身に付いてしまっていたりするため，トイレで排泄した経験がなかったり，トイレに行くことを拒否したりする子どももいる．

対　応

　紙おむつにこだわる子どもには，日課としてパンツに着替える時間を定着させ，パンツの感触に慣れさせるとともに，失禁の不快感を味あわせる．
　定時排泄を実施する．見通しが持ちにくい子どもの場合は，いつトイレに行くのか，事前に日課について言葉や身振り，絵カード等で知らせておくようにする．
　トイレでの排泄の仕方を理解する．保護者や他の子どもがトイレに行く様子を見せる．トイレの絵本やままごとのトイレ等を利用し，トイレでの排泄の手順を説明する．
　トイレの環境に慣れにくかったり，臭いや狭さが苦手であったりするならば，好きなキャラクターを置いたり，気に入った芳香剤を選ばせ持たせる等，トイレに行くことが楽しみになる環境を作る．

フォローの仕方

　排泄の自立を焦ると，排泄へのこだわりを強め，親子関係のねじれが生じる．全般的な発達の遅れや，発達の偏りが疑われる場合には，排泄の自立に数年かかる場合もあることを承知し，専門機関への相談を促し，機関と連携し，子どもの社会性の発達を見ながら取り組み，無理強いしないようにする．

関連 ☞ 38 54 55 67 96

| コミュニケーション | 行動と遊び | 睡眠 | 運動 | **身辺処理** |

⑥⑥ 2～3歳頃　　ひどい偏食が出てきた

京林由季子

想定される子どもの状況

　食べ物の**好き嫌い**は生後10ヶ月頃から現われるが，2～3歳になると好き嫌いをはっきり言うようになり，嫌いな食べ物を食べさせることは保護者であっても容易ではなくなる．子どもが嫌いな食べ物として多いのは野菜であり，他に，魚，牛乳，肉もよく挙げられる．子どもの**偏食**の理由は，食べづらさ，新しい食品や味に馴染めない「味見しり」等が考えられる．また，家庭での献立が子どもの好みを優先することにより様々な食品を食べる機会が偏り，いっそう**偏食**になってしまう場合もある．
　一方，"唐揚げ"しか食べない，"うどん"しか食べない等，偏食が極端な子どもの場合には，**感覚の過敏さやこだわり**，あるいは鉄欠乏性貧血等の要因が考えられる．

対　応

　保護者の言う偏食は，子どもがピーマンを食べないといった子どもの偏った食べ方のことであり，健康を損ねるようなものではない．従って，野菜嫌いの子どもで，野菜オムレツにする等，調理方法を工夫してもどうしても食べない場合には，無理強いせず，果実や野菜ジュース，牛乳等で補うようにする．また，大人と一緒に野菜を作ったり，調理をしたりすることは，"自分で作った"，"調理した"という達成感から子どもが野菜を食べるきっかけになる．大事なことは，皆と一緒に食事を楽しめること，自分で食べられるようになることであり，その中で徐々に食事の内容を広げていくようにする．

フォローの仕方

　偏食が極端である場合は，味覚や食感等偏食の要因を検討するとともに，保護者の心情を理解し共感する．しかし，その場合にも，安心できる場所や人の形成等の環境へのていねいな支援が偏食への対応の基盤となる．

関連 ☞ 38 54 55 97 98

67 2〜3歳頃　しつけができない（言い聞かせてもダメ）

京林由季子

想定される子どもの状況

2〜3歳のあいだに，子どもはいろいろなことができるようになり人間としての自立性が強まるが，自己主張も強くなる時期である．3歳近くは反抗期とも呼ばれる時期であるが，家庭や地域社会の養育力の低下に伴い，この時期の子どもが自立しても協力を学ぶ機会が減っているため[1]，子どものしつけは難しくなっている．

その他に，注意すべき可能性としては，「不十分にしか聞き取れていない」「指示の理解ができない」「感情的な交流も難しく指示が入りにくい」「指示を聞いていない」あるいは，「指示の理解ができてもすぐに関心がそれる」等が考えられる．

対　応

子どもが安定している時に，子どもが理解できるように，まずはできることから始め，成功体験を増やすことが大切である．

例えば，言葉での指示の理解が難しい場合には，動作でモデルを見せたり，「○○してから，△△しなさい」等の長い文章を「○○します」「△△します」と短い動作ごとに指示し，1つずつ褒めるようにする．「ちゃんとしなさい」というような抽象的な指示の理解が難しい場合には，「手はお膝におきます」等，具体的な指示をする．大人の指示が入りにくかったり，すぐに忘れてしまう子どもの場合には，指示や約束等をメモ用紙等に絵や記号で書き，目に見えるような形で示した方が有効な場合もある．

フォローの仕方

しつけができない要因として，不十分にしか指示が聞き取れていない状態（難聴）が疑われたり，全般的な発達の遅れが明らかな場合には，すみやかに専門機関に相談することを勧める．

関連 ☞ 48, 49, 58, 85, 86

| チェック | コミュニケーション | 行動と遊び | 睡眠 | 運動 | **身辺処理** |

㊿ 2〜3歳頃　食事に極端に時間がかかる

京林由季子

想定される子どもの状況

食事に時間がかかる子どもは，少食だったり，好き嫌いがあったり，食べ物を上手く噛めないため時間がかかる場合もあれば，おしゃべりに夢中になる，テレビや周囲のおもちゃ，机上の広告等が気になる，食べ物で遊ぶ等して食事に集中できず時間がかかる場合等，その理由は様々である．なお，食事に時間がかかることは，よく噛んで食べる習慣が身についている，食事時間を楽しんでいるというようによい面の場合もある．

対 応

対応としては，食事の量を少なくする，食べ物を口に入れやすい，飲み込みやすい形状にする等である．一方，3歳頃からは「社会食べ」といって周りの様子を見ながら人に合わせて食べることができるようになってくる．家庭では，人に合わせることも意識させるようにし，食事中に口うるさく言うのではなく，食べる前に「長い針が○○になるまでに食べようね」と約束したり，「食べ終わったら○○して遊ぶ」と食事の後の楽しみを作るとよい．テレビや周囲のおもちゃに気が散る場合も，それらを片付けて「食べ終わったらテレビを見る」のような約束をするとよい．

フォローの仕方

食事の時間にはお腹が空いていて，食事に集中できることが大切である．全身を使う運動をしっかり行う，食事中は気が散りやすいものを片付ける等，生活環境が整えられているかどうか確認する．

咀しゃくや発音の問題，生活全体での落ち着きの様子等，発達の他の面で気になる問題がないか確認する．

関連 ☞ 41 66 85 97 98

| コミュニケーション | 行動と遊び | 睡眠 | 運動 | 身辺処理 |

㊿ 3〜4歳頃　　ひとり言ばかり言う

堀口寿広

想定される子どもの状態

「○○しましょうね」「したらダメでしょ」等，母親に言われているように話しながら行う．行為の前に「○○しよう」と意思を表明する．「○○なんだよなぁ」等，文句や感想等，頭の中の言葉がそのまま出てきたようである．言葉が状況や行為と関連しており，歌を歌う等，にぎやかで楽しそうである．一人で遊んでいる時，大人がそばにいても集中している時に多くみられる．大人が質問をすれば回答できる．

もう1つの状態は，テレビの宣伝の一部分（とくに明瞭で特徴のある句）ばかり言う．言葉と行動の関連はなく，他の言葉はみられず感情の表出を伴わない．大人が話しかけても**ひとり言**を繰り返す．**ひとり言**は名詞に限らず文になっていることがある．状況には一致していなくても，乱暴な言葉等，内容を聞いた大人が驚かされることがある．

対応

言葉と行為が関連している場合，**ひとり言**は基本的に年齢相応で問題のないことが多い．相槌を打つ等して相手をする．子どもの言葉に用法の誤りがあれば復唱しながら訂正する．

一方，行動に関連せず同じ言葉を繰り返している場合は，言語能力全体の発達を評価する．この年齢では文字を読む子ども，形は成していなくても文字を書いて表現する子どももいる．ひとり言の音の長さまでは音として覚えることができると考えて，身近な名前を覚えるところからもう一度関わる．これまで順調に言語発達を遂げていた子どもが，最近急にこの状態になったのであれば，至急専門機関を受診してもらう．

フォローの仕方

ひとり言と行為が関連している子どもでは，同年齢の集団内でひとり言が相手に同調したり，自分の意見を表明するコミュニケーションに置き換えられていくか確認する．どこでも大きな声で歌う，自分の言いたいことだけ言う子どもは，他の子どもとのトラブルが目立つようになる．個々のトラブルを正確に記録して保護者と共有する．

ひとり言が行動に関連しない子どもでは，視線が合いにくい等の問題に気付かれていることがある．教えた言葉を覚えなければ早めに専門機関へ相談することを勧める．

> 💡 **ポイント**　待合室等での遊び方と保護者の関わり方を確認する

(70) 3～4歳頃　おうむ返しの言葉が多い

堀口寿広

想定される子どもの状態

保護者が心配する，子どもが相手の言葉をまねする**おうむ返し**の多いことがあるが，これには2つの状態が考えられる．

1つは，意思表示の代わりに復唱する状態である．物を介在し，する人とされる人の間に成立する対象関係は，通例1歳前に基礎ができる．子どもが要求として「おもちゃ買ってあげるね」と復唱していることが明らかであれば，通例大人は「ちょうだい，だね」と修正し，子どもは言葉とともに適切な**対象関係**を学習していく．この修正ができず復唱で意思を表明する場合は，対象関係を十分に獲得していないと考えられる．

もう1つの状態は，何を話しかけても復唱するものである．内容の理解を伴わず，単に聞こえた音を再現している状態といえる．**語い**の増加，2語文の獲得という定型的な言葉の発達段階を飛び越えて復唱が生じていることがある．他者への興味を示さず，自発的な言葉はみられない．また，ある時から話さなくなる子どももいる．

対　応

前者の状態であれば，その場で子どもの言葉を修正する．修正がみられない場合は，適切な対象関係の獲得から復習する．まず二人の大人の間で「ちょうだい」「あげる」と言いながら物のやり取りをして見せる．次に子どもを入れて「○○くん（ちゃん）ちょうだい・あげる」と言いながらやり取りする．

フォローの仕方

何を話しても復唱するだけの子どもの場合，専門医療機関の診察が必要である．家庭では，実物を見せながら名前を言うことを繰り返し，物と言葉のつながりを通して言葉を使うことの意味を教える．物の名前を教える時は，子どもの好きなおもちゃ等から始め，少しずつ広げていく．

対象関係を誤っており修正がしにくい子どもの場合，3歳頃に子ども同士の集団に入った際に物の貸し借り等のトラブルが起きやすいので引き続き注意する．

何を話しても復唱する子どもの場合，保護者が子どもに働きかけることを避けるようにならないよう保護者の励ましを続ける．

ポイント　言葉の相談であっても，言葉以外の様子を確認する

| コミュニケーション | 行動と遊び | 睡眠 | 運動 | 身辺処理 | ✓チェック |

㉛ 3〜4歳頃　自分でつくった言葉(造語)を話して喜んでいる

堀口寿広

想定される子どもの状態

「これは〇〇だよ」等，子どもが考案した呼称を用いる（いわゆる造語）．物の特徴や既存のキャラクター等，語源が推測できることがある．

物の特徴を抽出し独自の言葉で表そうとして遊んでいるのだが，その行為はヒトが言語を共有してきた過程である．この時期語いの数は1,000を超え，言葉の意味を知りたがり，一日に新たに数語ずつ覚える．**語**いが急速に増える時期であるため，言葉の遅れに気付きやすい．

特定の音がうまく発音できない子どもがいるが，この時期全ての構音は獲得できていない（サ行等）．一部の音の省略（例：アパンマン）や入れ替え（例：トウモコロシ）はよくみられ，造語とは呼ばない．

一方で，**造語**を使い続ける，場面や状況に関係なく同じ造語を繰り返し言う子どもで，大人が正しい言葉を教えても訂正できない，新しい言葉を覚えない場合は問題がある．

対応

実は正しい呼称を知っていることもあり，他の場面では会話のやりとりができる，他の新しい言葉を覚え続けているならば，大人は正しい名称を使い続ければよい．

一方で，場面や状況に関わらず同じ造語を繰り返している場合は，言語能力全体の発達を評価し，他の遊びでも喜ぶか確認する．聞こえの問題が見逃されていることもあるので注意する．保護者は実年齢に相応した本を与えていることが多いが，基準を下げて物の名前を覚えることの楽しみから再度始める．

これまで順調に言語発達を遂げていた子どもが，最近急に言葉の理解が悪くなったり，造語の他に話す言葉がなくなったり，（表情があっても・なくても）意味を成さない音声を羅列するだけになったのであれば，発達の退行という状態が疑われるので，至急専門機関を受診してもらう．

フォローの仕方

遊びで造語をしている子どもであれば，大人だけでなく同年齢の集団内でやりとりするうちに正しい語句に置き換えられ，他のことにも興味を広げていくかを確認する．

教えた言葉を使わずに造語のみの使用が続くのであれば，専門機関での相談を勧める．

> 💡 **ポイント** 子どもの造語を訂正して，子どもの反応の変化をみる

✓チェック

| コミュニケーション | 行動と遊び | 睡眠 | 運動 | 身辺処理 |

㊓ 3〜4歳頃　　言葉の発達が遅い

小枝達也

想定される子どもの状況

　言葉の発達には個人差が大きい．3歳0ヶ月の時点で使える2語文が出ていなければ，言葉の遅れがあると判断するが，4歳までに意味理解，発話ともに伸びることも多い．この場合は発達のズレであり病的な意義はない．男児に多いとされる．また家族性できょうだいともに同じ年頃に同じような言葉の遅れを示し，後の発達には影響しないという場合もある．

　不適切な環境も言葉の発達に大きく影響する．被虐待事例では言葉の遅れやコミュニケーション障害が出現するし，保護者が携帯電話やメール等に夢中で，子どもとのやりとりに無頓着である，あるいは子どもがテレビ漬けである等は言葉の発達にとってマイナス要因となる恐れがある．

　2, 3ヶ月ごとに経過をみて，変化が乏しい場合には，何らかの疾患であることも念頭におく．

対　応

　家庭でできることをアドバイスするとよいが，保護者が訓練士的にならないよう配慮すべきである．「子育てを楽しむ手段としての言葉遊び」という程度が望ましい．単語レベルの子には単語で，2語文レベルの子には2語文で話しかけるとよい．楽しいやり取りの中で言葉は育っていくことを保護者に伝えておく．複数の大人が，たくさんの言葉をシャワーのように浴びせることは，かえって言葉の発達を阻害する恐れがある．その子のレベルに応じた言葉かけや言葉でのやり取りをすることが基本である．

フォローの仕方

言葉の遅れを症状とする疾患と概要．以下を参考に，該当すれば専門機関の受診を勧める．
・精神遅滞：発達全体が遅れている
・自閉症：コミュニケーションや社会性等の発達が遅れる
・聴覚障害：軽度の聴覚障害でも発語は遅れがちである
・注意欠陥多動性障害（ADHD）：2〜3歳頃は発語の遅れがあり，のちに多弁となることがある
・学習障害（LD）：2〜3歳頃に軽い言葉の遅れを示すことがある

| コミュニケーション | **行動と遊び** | 睡眠 | 運動 | 身辺処理 | ✓チェック □ |

(73) 3〜4歳頃　　友達に興味がない

東海林夏希

想定される子どもの状況

　同年齢の子どもと接する場面や，保育園や幼稚園において，他の子どもに話しかけたり関心を示すことが少なく，ひとり遊びを続けたり自分の好きなおもちゃ等に夢中になっていることが多い．他の子どもが近づいてきたり遊びに誘っても，自身のおもちゃや遊びをじゃまされることを警戒したり，**人見知り**や不安感を抱き，逃げ出したり拒否したりすることがある．また，こうした傾向のある子どもは同年齢の子どもよりも，家族やかまってくれる大人を好み，大人とばかり話したり遊ぶことが多くなる．

　要因として，「自己中心的な遊びを好む」「興味関心がせまい」「同じ年齢の子どもとのコミュニケーションがうまくできない（対人関係の未熟さ）」が考えられる．

対　応

　同じ年齢の子どもとの接触や遊びへの拒否感・恐怖心等を減らしていき，安心して遊べるようにしていくこと，友達と接触することや遊ぶことが楽しいという経験をさせていくこと，様々な遊びを体験して興味関心を広げていくことが求められる．

- 複数の子どもが遊んでいる場所に連れて行き，大人が手伝ってあげながらさりげなく遊びを共有させる（無理強いは避ける）．
- 遊びの種類を増やし，興味関心を広げていく（ひとり遊びから他者と関わる遊びへ）．
- **やりとり遊び**の際にことばのかけ方（「かして」「入れて」等）ややりとりの仕方（追いかけっこ等）を具体的に大人がそばについて教えてあげる．
- 他者とのやりとり遊びや集団遊びが楽しいことをたくさん体験させる．

フォローの仕方

　同年齢の子どもが遊んでいる場面に入った姿をよく観察し，遊びの内容や他の子どもとの接触の様子をチェックしていく．変化がみられない場合には大人との**やりとり遊び**を繰り返し行い，言語コミュニケーション行動の発達や興味関心のある遊びが広がるよう働きかける．3歳になっても友達に興味がない時は，専門機関への相談を勧める．

関連 ☞ ㉚ ㉛ ㉝ ㊼ ㊺ ㊻

| コミュニケーション | **行動と遊び** | 睡眠 | 運動 | 身辺処理 |

❼❹ 3〜4歳頃　　決まった友達とばかりしつこく遊びたがる

東海林夏希

想定される子どもの状況

　決まった友達がいて，その子と仲良く遊ぶことは問題ないが，その子が他の子どもと遊ぼうとした時につきまとい，しつこく遊びに誘ったり，近づいていったりする．友達が嫌がっているかどうかに関わらず，突然抱きついたり，他の子どもとの遊びに急に入ってきたりと，時には子ども同士のトラブルの原因となりうる．他者への関心はあるが，興味関心の範囲が非常に限られており，特定の友達だけに執着している．また，初めての人や物に対して過剰に反応して不安を抱きやすく，同じ友達と同じ遊びややりとりを繰り返し，安定していたい気持ちが強い．こうした傾向のある子どもは，他者の表情や言動から，相手がどう思っているか推測するのが苦手なことが多い．

対 応

　こうした状況は，特定の人への著しい**こだわり**であるが，他者への興味の広がりの第一歩とも捉えられるため，特定の友達との関わりをなくすのではなく，友達とのコミュニケーションの仕方を学ぶ機会としていきたい．相手の子どもの気持ちも大切にしながら，他の子どもとのやりとりの仕方を教えていく．
・友達にしつこくしている時に，「○○ちゃんどんな顔してるかな？　困ってないかな？」と友達が嫌がっていないか確認するよう促す．
・友達とやりとりする言葉（「入れて」「遊ぼう」等）を教える．
・友達と遊ぶ時の基本的なルール（「いいよ」と言われたら一緒に遊べる等）を大人が具体的に教える．
・特定の友達との関わりを活かして，集団での遊びや活動に誘い，他児と関わる機会を増やしていく．

フォローの仕方

　友達とのやりとりの仕方を教えた上で，他の子どもと関わる様子をチェックしていく．相手の子どもにも配慮し，自発的にできない場合には，その都度大人が友達と関わる際のルールを伝えていく．集団保育の場で生活していて，3ヶ月〜半年以上続けて決まった友達にしつこくつきまとっている場合は，専門機関への相談を勧める．

関連 ☞ 21 38 54 73 77

| コミュニケーション | **行動と遊び** | 睡眠 | 運動 | 身辺処理 | ✓チェック □ |

75 3〜4歳頃　子どもを怖がる

田口禎子

想定される子どもの状況

親や兄弟，親しい大人等と一緒にいる時には落ち着いて過ごすことができるのに，保育園や幼稚園などで同年齢の子どもと一緒に過ごしていると不安定になり，ちょっとしたきっかけで泣いたり，**パニック**になる．他の子どもと関わる場面では，「怖い」「できない」等の恐怖を感じる表情を示し，逃避行動を起こす．また，不安や緊張を著しく感じやすく，**情緒不安定**から他の子をたたく，自分をたたく等の問題行動を起こしてしまう．

対　応

感覚が過敏であったり，相手の気持ちや場面の見通しがわからないことで大きな不安や恐怖を感じている可能性がある．不快な刺激を極力取り除いてあげ，活動の見通しをもたせて他の子どもと関わることの楽しさを得られるように工夫することが必要である．

・安心できる環境をつくるため，サポート役の友達や先生等が一緒に活動できる場面設定をする．
・本人にとって刺激が強く，**情緒不安定**になる要素を軽減する（静かな環境，見通しを持てるように簡潔で具体的な説明等）．
・周囲の子ども達から好意的に受け入れられ必要なサポートを受けるためにも，本人の思いを聞いて周囲の子ども達に説明する等，トラブルに発展しないように配慮する．

フォローの仕方

不安や恐怖の示し方等をよく観察し，環境整備や配慮によってどの程度の改善や変化がみられたかを把握していく．他の子どもとの接触機会を意図的につくり，徐々に慣れさせていく．3歳になって，集団保育の場で生活していて，周りの子どもを怖がる時は，専門機関への相談を勧める．

💡ポイント　無理に子ども達の中に入れない

関連 ☞ 20 36 52 54

| コミュニケーション | **行動と遊び** | 睡眠 | 運動 | 身辺処理 |

⑦ 3～4歳頃　　一人で遊んでいることが多い

田口 禎子

想定される子どもの状況

他の子どもがしている遊びに興味を示さず，一人で遊んでいることが多い．集団での遊びやゲームのルールがわからず，活動に参加できずにいる．集団で活動していても，いつの間にか外れて一人で違う遊びをしている．自分が興味のあることに没頭してしまい，好き勝手に遊んでいる．こうした子どもは，同年齢の子どもと一緒に遊ぶ機会が少なくなるために，適切な**コミュニケーション**方法を学ぶことができず，集団からいっそう孤立してしまう可能性がある．

対　応

大人が同じ年齢の子どもとの関わり方の見本を示してあげて，遊びや活動に参加することが楽しいと感じる経験を増やす．また，本人のこだわりや好きな遊びは，一見風変わりなひとり遊びであるように見えても，本人にとっては安心して過ごせる快い時間である可能性もある．無理に止めさせたり，集団への参加を強制するのではなく，初めは大人が誘いかけたり，興味を引くような活動を選んで部分的に参加させるという方法を取るとよい．そして，ひとり遊びと集団で遊ぶ場面の両者のバランスを少しずつつくっていく．遊びのルールを大人がわかりやすく説明し，言葉のかけ方（「入れて」）ややりとりの仕方等を具体的に教える．**ひとり遊び**から他者と関わる遊びに発展させるため，本人の好きな遊びを他の子どもにも共有させるという機会をつくる（絵を描くのが好きであれば，みんなで一つの大きい絵を描く等）．

フォローの仕方

集団での活動の際に，どのような状況や場面で一人で遊んでいるのかをよく観察し，問題の背景にある子どもの特徴をつかむ．ルールや活動内容が複雑なために参加できない場合には，具体的なやり方を教えてあげる必要がある．興味の限局性の強さであれば，本人の好みを考慮し，まずは他の子どもと一緒に遊んで楽しめる活動を選んで行うとよい．様々な関わりや促しをして，3～6ヶ月以上経過しても変化がみられない時は，専門機関への相談を勧める．

💡 **ポイント**　集団に参加した後に，一人で遊べる時間を作ってあげるとよい

関連 ☞ ⑪ ㉛ ㉝ ㊲

| コミュニケーション | **行動と遊び** | 睡眠 | 運動 | 身辺処理 | ✓チェック ☐ |

77 3〜4歳頃　集団に参加することを嫌がる

橋本創一

想定される子どもの状況

　他の子どもが誘ってもなかなか遊びに加わろうとしなかったり，**集団行動**をするのが困難である．一人，または特定の大人と一緒にいることを好み，集団の中にとけ込めない．過敏さが強く，他の子ども達に対して不安や警戒心等を抱き，集団から逃げ出したり拒否したりする．家族や先生等の大人には話しかけたり交流できても，同年代の集団で遊ぼうとしない．

対　応

　ある程度自分の要求に合わせてくれる大人とは違い，子ども同士での遊びのルールになじめなかったり，自分が思うようにならないと嫌だと感じてしまう場合がある．また，集団の中にいることで受ける騒がしい音や触覚等に敏感である場合，そうした刺激を減らしてあげるよう環境を整えることも必要である．

・本人が理解できるレベルで，納得できるルールの遊びを取り入れた小集団の遊びから導入する．必要に応じて，初めは大人がついてやり方を教えたり，他の子どもとの関係調整をする．
・音や刺激に敏感である場合，座席や参加方法を工夫する等の配慮をする（大人がそばについて安心させる，一番後ろの席にする，相手の身体にいきなり触らないというルールを設定する等）．

フォローの仕方

　集団に参加すること自体がストレスとなってしまう場合，活動から退避する行動がみられるだろう．そのような際には，なぜ嫌なのか，どのような遊びならば参加できるかを本人の思いを聞き取りつつ交渉し，極力ストレスを軽減してあげることが望ましい．また，どうしても参加できない場合に，本人が落ち着いて過ごせる環境に一定時間退避させてあげる（**クールダウン**）方法もある．集団に参加できる時間や活動の拡大について，その進展をみていく．4歳になっても改善がみられない時は，専門機関への相談を勧める．

> ダメ！　嫌がる程度が強い時は，無理に参加させない

関連 ☞ ⑪ ⑳ ㉛ ㊼ ⑯

77
3〜4歳頃／集団に参加することを嫌がる

79

| コミュニケーション | **行動と遊び** | 睡眠 | 運動 | 身辺処理 |

❼❽ 3〜4歳頃　　人ごみを極端に嫌う

田尻祥子

想定される子どもの状況

　外出時に，大勢が行き来している道やにぎやかな場所等に行くと大声で「おうちにかえる」等と言ったり，大泣きをすることがある．保育園や幼稚園においても，お遊戯会や運動会等，いつもと違う雰囲気のたくさんの人が集まる行事を嫌い，ずっと耳を手でふさいだり，泣いて参加を拒否することがある．また，例えば公園等で初めは一人か二人で静かに楽しく遊んでいたのが，徐々に人数が増えてくると「帰る！」と言ってその場から離れようとすることがある．にぎやかな場所から静かな場所に移動すると，ケロッと泣き止み機嫌がよくなることが多い．

対　応

　どのぐらいの人ごみで**パニック**が起こりやすくなるのかをよく観察し，安心できる場所を確保すると共に，徐々に人ごみに慣れていくようにスモールステップで進めていくことが求められる．事前に，どこに行き，何をするのかを伝えておき，新しい場所への不安感を軽減させる(場所等の写真があるとそれを見せながら説明するとよい)．保育園や幼稚園の行事では，初めは別の部屋や廊下，または部屋の後ろの席で先生と一緒に活動を見る．安心するようならば，徐々に参加を促す．人ごみでパニックになった時は，静かな場所に移動し，子どもの気持ちを代弁してあげ，(「人がいっぱいいてうるさかったね」等と) 気持ちを安定させる．初めは場所に慣れさせていくことを目指し，混んでいない時間でのお出かけを多くし，人との接触に慣れさせていく．

フォローの仕方

　子どもがどのぐらい聴覚過敏や視覚過敏，対人不安があるのかを場面ごとによく観察し，どの要因が一番強いのかを把握する．その結果から，徐々に人ごみに慣れていくようにスモールステップの段階別体験を設定する．子どもが，我慢できた時は，つらかった気持ちを受け止めてあげ，がんばったことを称賛する．

関連 ☞ ⑳ ㊱ ㊽ ㊾ ㊆㊆

✓チェック □

(79) 3～4歳頃　奇妙な癖や動作がある

田尻祥子

想定される子どもの状況

足の裏を嗅ぐ，股間を触る，頭を振る等，**指しゃぶり**や**爪噛み**といったよくある**癖**ではなく，おかしな癖がある．また，ドアの開け閉めをずっとしている，保育所や幼稚園に登園すると，職員室からトイレまで全部の部屋を見て回ってから教室に入る等の順序や自分なりに決めた奇妙な動作がある．

対　応

奇妙な癖や動作を違う行動で置き換え，軽減を図る．

- 不安から奇妙な癖や動作が起こっている場合があるので，直接的に子どもにやめるように言うと逆に不安が募ることもある．
- 癖を行っている時（または起こりそうな時）は，さりげなく物を触らせたり，身体を動かしたりして，注意をそらせる．
- **こだわり**で動作を行っている場合は，「ドアを開けるのはあと2回だよ」や「明日はトイレお掃除だから見ないでお部屋入るよ」等，子どもがわかる声かけで教えてあげ，徐々に回数を減らしていく（無理強いはせず，あくまでも徐々に）．
- 不安が高いときに行っている場合は，不安の原因を探り，子どもの気持ちを代弁したり，お話を聞いてあげ，他のことで気持ちを安定させる．

フォローの仕方

奇妙な癖や動作がどんな時に起こりやすいかを観察し，場面や状況に配慮していく．癖や動作にばかり注目するよりも，子どもの不安の強さやこだわりの程度をみていき，減っていたり，他の行動に変化している状況を確認する．6ヶ月以上奇妙な癖や動作を続けている時は，専門機関への相談を勧める．あまりにも迷惑だったり，周囲から浮いてしまう動作の場面は療育的指導も必要となる．

ポイント：周囲に迷惑な癖でなければ様子をみる

関連☞ (37)(38)(39)(40)

| コミュニケーション | **行動と遊び** | 睡眠 | 運動 | 身辺処理 |

⑧⓪ 3〜4歳頃　失敗を極端に恐れて行動しない

橋本創一

想定される子どもの状況

新しい活動には参加しないことが多い．また，いつも行っている活動の内容を少しでも変えると「できない」と言って参加しない．一度うまくいかなかった活動は2度としようとせず，励ましてものらない．また，工作等で自分の思った通りにできないと，途中で投げ出して，絶対に続きをしない．クイズや問題は答えようとせず，ずっと黙っている．

対応

子どものペースに合わせながら，できることを積み重ねる．子どもは，人の声かけや表情に敏感に反応しているため，大人は「チャレンジすることが大切」「できることから積み重ねていこう」という考えを常に意識し，上手にできたかどうか（勝ち負けや順位等）にはあまり重きを置かない発言が求められる．

・新しい遊びや参加を拒否する活動では，初めに視覚的な手がかりを与えたり，先生や保護者が見本を示し，全体の見通しを持たせる．
・「負け」や「間違い」という言葉を強調せず，どうすればもっと上手にできるかを常に意識させる．特に保育園や幼稚園では，他児が「○○くんまけー」等言うことがあるので配慮が必要である．
・「初めてするから難しいよね」と子どもの不安な気持ちを言語化してあげ，安定を図る．
・子どもが上手にできた時は称賛し，成功体験を積む．できるだけ失敗しないように大人がさりげなく手伝ってあげる．

フォローの仕方

どんな活動に拒否感が強いか（手先を使う活動か，ルールのある活動か）をチェックし，その活動は，先生と一緒に行ったり，他の子どもがやるのを見ながら慣れさせていく．
他児の反応を著しく気にして活動に参加しない子どもは，別の部屋で先生が子どもと1対1で同じ活動に挑戦させたりする．そして，自信が持てたり慣れてきたら，他の子どもと同じ場で取り組ませていく．3〜6ヶ月以上改善がみられない時は，専門機関への相談を勧める．

関連 ☞ ㊱ ㊕ ㊼ ㊾ ㊾ ㊾ ㊼

| コミュニケーション | **行動と遊び** | 睡眠 | 運動 | 身辺処理 | ✓チェック □ |

� 3～4歳頃　　気分の変化が大きく，気が散りやすい

畑中　愛

想定される子どもの状況

　遊びや食事等の活動中，なかなか1つの活動が持続せず，目にとまった他のおもちゃや物をさわり始めたり，おしゃべりをし始めたりする．最初にやっていたことは，忘れたかのように中途半端な状態のまま置きっぱなしにする．「こっちをやってからにしよう」「先にお片づけして」等と言ってもその時熱中している活動から行動を切り替えることが難しい．1つの活動が持続せずに，次々と別の活動に移っていく場合もあれば，同じところに座って1つの活動をなんとなく続けているが，手遊びやおしゃべり等で気が散りなかなかその活動が進まない場合もある．

対　応

　今やっている活動に集中できるよう，余計な刺激が周りにないところで活動をさせるようにする（例えば，おもちゃのある部屋で着替えをさせず，洋服だけを目の前に置いて着替えさせる等）．他のものに気が散っている時は，意図的に声をかけたり，視線を合わせたりして励ます．長い時間1つの活動をさせ続けることは難しいので，活動をスモールステップに分け，短い時間で区切りメリハリをつけるようにするとよい．一つひとつの行動が終わる度にほめて次の活動を促すと，本人も達成感が持て次の行動につながりやすい．

　また，興味がなかったり，飽きていたりする場合は，途中経過をみながら励まし，次の行動を具体的に指示していく．工作やお絵かき等の制作活動は，どうなると「終わり」かが本人にとってイメージがつきにくく，途中で投げ出してしまいやすい．手順や完成の形を具体的に示して，ゴールに向かって行動できるよう援助する．

フォローの仕方

　本人が集中できる時間に合わせ活動を設定する．遊びや作業にメリハリをつけていく．ゴチャゴチャした場所で集中させるのは難しいので，余計な刺激は減らす．そうした取り組みを続けていき，1つの活動を維持していける時間を伸長させていく．4歳になっても改善がみられない時は，専門機関への相談を勧める．

関連 ☞ 48 82 85

(82) 3～4歳頃　順番が待てない

畑中　愛

想定される子どもの状況

公園や保育園，幼稚園での遊びの場面で，すでに並んでいる子どもがいるにも関わらず，横入りをする．周囲の子どもたちから注意されても，譲ることができない．また，後ろに並べても自分の順番が来るまで静かに待つことができず，そわそわ落ち着きがない場合もある．要因として，「いまはどんな場面なのか」という**状況理解**や，「どうすべきなのか」という**ルール**や善悪の理解が乏しいことが考えられる．もしくは，ルールや場面・状況は理解できていても，何かを思いついたり気になったりすると結果を考えずに即座に行動してしまう**衝動性**の高さや，「1番になりたい」，「早くしなくてはいけない」等，本人なりのこだわりが影響して順番が待てないことがある．

対　応

どのように行動するとよいかを，本人にとってわかりやすい形でルールとして示し，適切な行動をとれるようにしていく．ルールは，イラストや写真等を使って示すとよい．洗い場等は，床にテープで並ぶ位置や順番（数字）を示すと，周囲の子どももきちんと並べ，混乱が少ない．ルールを守り適切な行動がとれた時は，当たり前と受けとめず褒めていくことが大切である．また，順番そのものにルールがある場合は，「背の順だから○番だよ」等と明確に伝え，状況を理解できるような声かけをしていくことが必要である．焦って順番を待ちきれない子どもには「あと○人待ったらあなたの番だよ．あ，一人終わったから△番になった！」等，見通しが持てるようそばで声をかけるとよいだろう．

ルールを守れず，横入りしてしまった場合は，「他の子どもはどうしていたか」「どうすべきだったか」「なぜ順番を待たなくてはいけないのか」といったことを，本人と確認しながら再び約束をしていく．

フォローの仕方

本人に悪気がない場合，**ルール**を守れなかったことを強く叱らない．大人の声かけで徐々に待てる場面や時間が増えていくように促し，その変化をみていく．注意されたり制止されて，怒ったり泣いたりする姿が減っていくことも改善の証しである．4歳になっても改善がみられない時は，専門機関への相談を勧める．

関連☞ ㉜㊶(83)(85)(86)

| コミュニケーション | **行動と遊び** | 睡眠 | 運動 | 身辺処理 | ✓チェック |

㊿ 3〜4歳頃　　いつでも一番でないとダメで怒る（勝ち負けにこだわる）

橋本創一

想定される子どもの状況

　じゃんけんや，ゲーム，かけっこなどで勝つことに対して，強いこだわりをみせる．負けてしまうと悔しくて人や物のせいにして怒ったり，大騒ぎ（**パニック**）したりすねて泣いてしまう．中には，負けるのが嫌だからといって，ゲーム自体を最初から拒否したり，負けそうになると活動を放棄したり道具をぐちゃぐちゃにしてしまったりする子どももいる．

対　応

　ゲームをする時には，「ゲームは勝ち負けがあるからおもしろい．だれでも勝つ時もあれば負ける時もある」ということを伝えていき，あらかじめ「負けるかもしれない」ことを予告しておく．その上で，負けて感情がコントロールできなくなった時は，「どうしたの？」と言葉で表現するよう促したり，「次は勝てるといいね」「悔しかったね」と子どもに寄り添い，気持ちを代弁したりすると，気持ちを立て直し切り替えできるようになる．また，活動での本人の態度やプロセスに目を向けられるようにしていくために，「最後まであきらめずにがんばったね」「この前よりも上手になったね」等，結果以外の点を評価し，「今度は〜するともっと上手になるよ」等，次回への解決策を一緒に考えていくことも重要である．

　また，勝つことへの**こだわり**を減らすために，ゲームのルールを『負けた人が勝ち』に変化させたり，自分の実力でなく運で勝ち負けが決まるようなゲームをする等の工夫もできる．「負けることが損ではない時もある」，「どんなにがんばっても負けることがある」という気持ちを持たせることで，「嫌だけれどそんなこともあるか」，と負けることを受け入れられるようにさせていきたい．

フォローの仕方

　一番になれなくてくやしがるのは子どもとして普通の姿でもあり，くやしさの感情の表し方が極端に強くないことが望まれる．多少は怒ったり泣いたりする姿を示しても，諦めて平常心になる時間や気持ちの切り替えが早くなっていくことを促していく．4歳になっても改善がみられない時は，専門機関への相談を勧める．また，程度が強い時は療育的指導ができる専門機関を紹介する．

関連 ☞ ㊱ ㊳ ㊼ ㊽ ㊿ ㊿

| ✓チェック | コミュニケーション | **行動と遊び** | 睡眠 | 運動 | 身辺処理 |

㊻ 3〜4歳頃　　数字やアルファベットが好きで覚える

日高希美

想定される子どもの状況

　子どもが生活している身の回りにあふれている数字やアルファベット等の，いわゆる記号や文字をすぐに覚える．同年齢の子どもが遊んだり関心を持つおもちゃには目もくれず，数字や文字，記号，CMに出てくる商標やフレーズ文字に対して強い興味と嗜好性を示す．また，時計を見ると泣き止んだり落ち着いたり，持ち歩いていないと不安になったりと，安心材料にしていることもある．こうした傾向のある子どもは，同年齢の子どもが集まるような場所では，友達に交って遊ぶことは少なく，一人で遊んでいることが多い．また，言葉を使って他者と交流することは難しく，**キャッチボール**にならないこともある．情緒面でも**かんしゃく**が激しかったり，いろいろなことに自信がなく消極的であったり，不安になりやすかったりする．

対　応

　数字や文字への関心をやめさせるのではなく，様々な体験を通して達成感や満足感を味わうことで興味関心の幅を広げていく必要がある．新しいものや活動への不安感，拒否感が強いので，大人が手をとりながら一緒に体験したり，励ましたりすることが必要になる．
・おもちゃや道具で遊ぶ時に，色々な遊び方や使い方を体験する．
・様々な素材のおもちゃや，遊具で遊ぶ．
・他者とのやりとり遊びや集団遊びが楽しいことをたくさん体験する．
・「できた」「楽しい」「悔しい」等の気持ちを，大人と交流する．
・保護者からたくさん言葉を聞いて，名称ややりとりのことばを覚える．

フォローの仕方

　遊びの様子を観察し，遊び方や子どもの興味関心の広がりに注目していく．以前と同じように遊びの種類が増えない，数字や文字にこだわっている様子であれば，大人と身体を使った**身体遊び**や，**やりとり遊び**を繰り返し行い，**対人コミュニケーション**の発達を促し，情緒の交流を促す．数字や文字，おもちゃだけでなく大人と遊ぶことが楽しいことをたくさん体験していく．様々な関わりや促しをし，3〜6ヶ月以上経過しても改善がみられない，こだわりや言葉の遅れ，コミュニケーションの未熟さがあれば，専門の機関への相談を勧める．

関連 ☞ ⑪ ㉒ ㉓ ㊳ ㊺

| コミュニケーション | **行動と遊び** | 睡眠 | 運動 | 身辺処理 | ✓チェック☐ |

(85) 3〜4歳頃　　多動（座っていられず動いている）

日高希美

想定される子どもの状況

集団での場面や活動場面で，落ち着きなく身体を動かしていたり，ウロウロしたり，急に外に飛び出したりすることがある．また，一斉活動の指示がわからずに，周りと違うことをしていることがある．身体の一部が常に動いていたり，口に手を入れている．上ばきや靴下をはいていられずにすぐ脱いでしまう．生活の流れや活動の流れがよくわかっていないことも考えられる．

対応

多動や**衝動性**そのものを直接改善しようとするのは幼児期には難しい．生活や活動の見通しを持たせ，先のことを自分で推測して行動できるようにさせる．やるべきことをはっきりと示し，今何をすればいいかが具体的にわかるようにする．繰り返す中で，示された絵や歌，大人の声かけや周りの様子を手がかりに自分で判断して行動できるようにする．また，多動の子どもは事故にあう率も高いため，とくに注意する．

- 一日の流れや活動の流れを視覚的，聴覚的に示す（使うものや場所等を絵で見せる，ピッと笛が鳴ったら動く等）．
- 先生が声かけをしやすいように近くの席に座らせる．
- 言葉で伝わりにくい場合は，歌等の楽しいリズムや手遊びに乗せて，今やるべきことを伝える．
- 一斉指示の後に個別に声をかけ，具体的にはっきりと，短い言葉でやるべきことを繰り返し伝える．

フォローの仕方

逸脱行動がみられていた場面で，子どもがどんなことにどのくらい注意を向けているかを観察する．変化がみられない場合は，大人が一緒に手を添えつつ，活動を体験していくことによって，行動とことばのつながりを深めること，注意をどこに向ければいいかを細かく伝えることが重要になってくる．4歳になっても改善がみられない時は，専門機関への相談を勧める．

関連 ☞ ㉝ ㊶ ㊾ �82

| チェック | コミュニケーション | **行動と遊び** | 睡眠 | 運動 | 身辺処理 |

⑧⑥ 3〜4歳頃　攻撃的な行動が多い

橋本創一

想定される子どもの状況

　友達や大人に対してたたく，押す，噛みつく，引っかく，つねる等の**攻撃的な行動**が多い．特に，自分の思いが通らなかった時，うまくいかなかった時，やっていることを止められた時等に多くみられる．このような傾向のある子どもは，カッとなりやすく，自分の要求を言葉で伝えることが難しい．他者には興味はあるものの適切な関わり方（言い方，表現の仕方等）がわからないことが多く，自分がどうしたいのか，どういう気持ちなのかをうまく表現することができない．また，怒りや悲しみといった**感情のコントロール**がうまくできず，他の子よりも強く表出する傾向がある．

対 応

　他者との関わりの中で適切なことば，行動等を具体的に伝える必要がある．また，友達を叩いたらダメ，というルールを明確にし，攻撃的な行動ではなく他の方法で自分の気持ちを伝えたり，解消できるようにすることが大切になってくる．ダメな事はダメとはっきり伝え，たたく等の攻撃的な行動はやめさせる．「それは嫌だよ」「痛いからやめて」等，攻撃された側の気持ちや思いを伝える．友達と遊んでいる時に「かして」「いれて」「○○ちょうだい」等の適切なやりとりの言葉を具体的に教えていく．思いきり泣いたり，身体を使って不快感情を表現し，大人にその気持ちをしっかりと受け止めてもらう経験を増やす．友達や大人と楽しい活動を繰り返し行い，他者への興味や思いやりを育てる．

フォローの仕方

　他者と関わる場面で，攻撃的な行動が他のよい方法で置き換えられているかどうかを観察する．攻撃的な行動に変化がなければ，大人が「貸して」「入れて」と言って手本を見せつつ一緒に楽しく遊ぶことで，対人コミュニケーションの成功体験を増やしていく．子どもが思いをうまく伝えられない瞬間を見極め，手が出る前に適切な言動を一緒に体験していくことが大切になる．攻撃的な子どもはやがて他の子どもから疎外されるため，様々な関わりや促しをし，3ヶ月以上経過しても改善がみられない時は，専門機関への相談を勧める．

関連 ☞ ❶ ❷ ⑳ ㉝ ㊼ ㊽

| コミュニケーション | 行動と遊び | **睡眠** | 運動 | 身辺処理 |

⑧⑦ 3～4歳頃　　眠りが浅くすぐ起きる

細川かおり

想定される子どもの状況

夜中に何度も目が覚めてしまう．また，夜父親が帰宅して食事等をしているとその音で起きてしまう．中には，夜中に起きて遊び出すような場合もある．

対　応

子どもが落ち着いて眠れる環境を用意しよう．子どもが寝る時や寝た後の部屋の明かりは暗くする．夜に明るい光をたくさん浴びると，子どもに必要な**メラトニン**というホルモンの分泌が減ると言われている．また，暑すぎないように気をつける．

子どもの性格もあり音等に敏感ですぐに起きてしまう子どももいる．また，昼間の興奮や出来事が睡眠に影響している場合もあるので，寝る前に添い寝する等して子どもを安心させるのもよい．保護者が悩みを抱えて落ち着かない場合も影響するので，保護者はイライラせず，子どもに気持ちを安定させるように働きかけることも1つかもしれない．

日中の活動が足りないと寝つきが悪かったり，夜眠れなかったりするので，日中に親子で遊ぶ等，十分に身体を動かして遊ぶことも必要である．

夜中に遊び出す等をする子どもの中には，そもそも**睡眠のリズム**ができにくい子どももいる．時間はかかるかもしれないが，朝起きること，日中の活動を十分にすることから始めて，**生活リズム**を整えていくことがぐっすり眠ることにつながっていく．

フォローの仕方

子どもが落ち着いて眠れるように，いろいろと試みよう．しかし，なかなか改善されないようなら，専門機関への相談を勧める．

関連 ☞ ⑥⓪ ⑥① ⑦⑤

☑チェック

| コミュニケーション | 行動と遊び | **睡 眠** | 運 動 | 身辺処理 |

⑧⑧ 3〜4歳頃　寝つきが悪い

細川かおり

想定される子どもの状況

「寝ようよ」と声をかけてもなかなか寝ようとせず，活発に遊んでいる．また，テレビをみたりゲームをしたりしている．言葉での表現もできるようになっている年齢なので，何かといいわけをしたり，好きなゲーム等があり終わるまでやろうとする．中には日常の他の場面でもこだわるものがあって，なかなか場面を切り替えることが難しい子どももいる．

対　応

寝付きが悪い場合は，**生活リズム**が整っていない場合が多い．人は**体内時計**を持っていてこれがズレると時差ぼけのような状態になってしまい，昼間だるい，寝つきが悪い，夜ぐっすり寝られない等が現れる．このような状態にならずに日中十分に活動するためには，生活リズムを整えることが大切である．ほとんどの子どもが幼稚園，保育園に通っている年齢と思われるが，家を出る一時間前には起床し，夜は親の都合に合わせるのではなく決まった早い時間に寝ることができているかチェックして，できていなければここから始めてみよう．

昼寝から起きるのが夕方になると寝付きが悪くなる．このため午後3時から3時30分までに起こすことが望ましい．また，寝る前に熱い風呂に入ると寝付きが悪くなる．体温が上がってしまうからである．ぬるめの風呂にするか，就寝時間から逆算して早めに入浴をすませることも寝つきをよくすることにつながる．さらに，直前までゲームをしたりテレビを見ることは避けるようにする．脳の活動が活発になったりテレビのような明るい光を浴びると寝付けない．絵本を読む，その子どもなりの眠るための儀式（**入眠儀式**という）等をして眠るための環境を整えていく．寝るための部屋は暗くして，親が添い寝をすることで子どもは安心する．

フォローの仕方

対応で示したことをやってみても寝つきの悪さに改善のきざしがなければ相談しよう．また，いろいろ試みたがこの年齢でまだ改善されていなければ，専門機関への相談を勧める．

関連 ☞ ⑤⑨ ⑥① ⑥⑦

| コミュニケーション | 行動と遊び | **睡眠** | 運動 | 身辺処理 |

(89) 3〜4歳頃　　夜泣きがひどい

細川かおり

想定される子どもの状況

夜中に泣いて起きる．かなり奇声をあげるような場合もある．

対　応

おねしょをした，暑い等で泣くこともある．このように原因がわかれば原因を取り除くことがよい．

　3，4歳になると認識の世界が広がっていき，わかることやできることが増えていく．よくわかる分，昼間の嫌だった体験，とても強く叱られてしまったこと等，昼間の出来事が原因で夜泣きをすることもある．また，保護者のイライラやなんらかの不安が子どもに伝わって夜泣きにつながることもある．物事の感じ方はその子どもの性格によって違うが，まずは添い寝する等して子どもを安心させるのがよい．

　早寝早起きの習慣をつけ，日中の活動を十分にし，3食時間を決めて食べるという生活リズムをつくることが基本的には大切である．こうした生活リズムを整えることが，夜ぐっすり眠ることにつながっていく．まず起床，就寝，食事時間，日中の活動内容，夜泣きをした時間等，1週間くらいメモをとることを勧める．これにより生活リズムを考え直す手がかりが得られる．起床や就寝が遅かったり，日によって違う等の場合は一定にしていくよう環境を整えていくことが必要だろう．

フォローの仕方

　夜中にかなり奇声をあげたり，汗をかいて呼吸が速くなるような状態が1週間に数回以上続くようであれば，夜驚症等，なんらかの病気に罹っている可能性もあるので，専門の医療機関へ相談することを勧める．また，いろいろ試みても夜泣きが続く場合も，専門機関への相談を勧める．

関連 ☞ ㊱ �59 �60

✓チェック

| コミュニケーション | 行動と遊び | 睡 眠 | **運 動** | 身辺処理 |

⑳ 3～4歳頃　　丸が書けない

田村麻里子

想定される子どもの状況

　クレヨンやペン等を持っていろいろなものを書きたがる時期である．しかし，丸は，指先できちんとクレヨンやペンを握りながら，手首をうまく使わないと書く事ができない．手首や指先を思い通りに動かせることが必要になる．また，落ち着いて，真似をして書いてみよう，という関心があること等，いろいろな要因があってできるものなのである．具体的には「筋力の弱さ」「集中力のなさ」「他者や書くことへの関心の低さ」が要因として挙げられる．

対 応

　手首の使い方やきちんとクレヨンやペンを握れているかを観察し，細いクレヨンやペンではうまく握れていない場合は太いものにしてみる．また，薄い紙では紙が動いてしまったり，ズレやすくなったりするので，画用紙やスケッチブックのような厚みのあるものを用意する等，書きやすい状況を設定してあげることが大切である．

　まずは好きな書き方や興味を引きそうな点や線を書いてみる，なぞってみる等，描くことが楽しいという経験をすることが大切である．線を書いた上に車や電車を走らせてみるなどの展開があると集中して楽しめる場合もあるだろう．また，「㊼ 手先が不器用」の項目同様，全身を使った遊びもとても大切である．

フォローの仕方

　丸が上手に書けない場合，食事の場面でスプーンや箸をうまく使えない，口に運べない等，**手先の不器用さ**がみられる場合がある．

　丸が書けないだけでなく，手先の不器用さや，他の発達にも心配がある場合には，専門医療機関に相談することを勧める．

関連 ☞ ⑲ ㊺ ㊻ ㊽ ㊾ ㊿ ㊼

⑨① 3～4歳頃　発音が極端に不明瞭

田村麻里子

想定される子どもの状況

3歳になるとお話が上手になったなと思う保護者も多いだろう．そんな中で気になるのが発音である．子どもが一生懸命話をするのだけれど，聞き取りづらい，何を言いたいのかわかってあげられない，と保護者は心配する．**発音**が聞きとりにくい場合，①まだ未発達な発音に関しての不明瞭さ，②**舌小帯短縮**（舌を出すとハート型になる），**口蓋裂**等，口腔内の問題，③副鼻腔炎等で起こる鼻づまりや**アデノイド**（咽頭扁桃肥大）で口がいつも開いている状態のため構音がうまくできない場合，④耳の聞こえが悪い場合，⑤言葉を話すのに必要な筋をうまく使えない場合があることが考えられる．

対　応

どの場合であっても，発音しやすい**擬音語**を入れて子どもが模倣しやすい会話を楽しみ（例：“ジャー”ってお水いっぱいかけたね．“ドーン”ってお友達にぶつかっちゃったね．等），子どもが話したことを一つひとつ「違う！」等と否定したり言い直しさせたりせず，「そうだね．～だね」と言い直してあげる等，会話が楽しくなる関わりをすることで子どもが話をすることが楽しい，と感じられるようにすることが大切である．

フォローの仕方

発音は，身体の成長発達とともに上手になっていく．

上記③の場合は，この時期の子どもは中耳炎や長期間鼻づまりが続く等をして発音が不明瞭になることがある．アデノイドなら，ひどいいびきをかいたり，時には**睡眠時無呼吸発作**を起こしたりすることがある．このような時，口で呼吸するために，常に口が開いている状態になり，上手に発音することが困難になるので，早めに耳鼻科を受診することを勧める．④の耳の聞こえが悪い場合は，上手に音を聞き取れないために発音も不明瞭になることがある．テレビの音をいつも大きくしたがる，名前を何度も呼ばないと振り向かない，聞き返すことが多い等があったら，これも早めに耳鼻科への相談を勧める．⑤鼻づまりもないのにいつも口が開いているような場合は，筋緊張が弱いのかもしれない．よく噛めない，麺類等をすすって食べるのが苦手等の状況が予測される．この場合は，全身的に身体を上手に使うことと，それに合わせて口の訓練をする必要がある．

関連☞ ⑲㊺㊻(63)(64)

(92) 3～4歳頃　吃音がみられる（言葉の出だしがうまくできない）

田村麻里子

想定される子どもの状況

この時期，**吃音**・言葉の出だしがうまく出ないというのは，はっきりとした原因はよくわかっていないところがあるが，まだ十分にことばを使い慣れない発達途上の中で，緊張感等から起きると考えられている．周囲の大人が，子どもが言い間違いをすると言い直しを繰り返させる，「違う！」等と大きな声で言う，怖い顔で子どもの話すことを聞く，等の周囲の接し方で緊張してしまうことから起こることがある．また，言葉の数が増えるに伴って，一時的に吃音になることもある．

対　応

子どもが話をすることや歌を歌うことが楽しいと感じられるような対応が大切である．周囲が一方的に子どもに話しかけたり，話したそばから否定するようなことは避けよう．子どもが話し終わるまでよく聞いてあげてから言葉を返す，言い間違いがあったら言い直してあげる（～なんだね．～なの？），最初のことばが出にくい時は言ってあげる（外を指差して，お外に行きたいと言いたいのだと予測されるのに，「おーおー」と言っていたら，「おそと？」と言ってあげる）等，子どものペースでの関わり方が大切である．

フォローの仕方

言いたい事を言えない時，大人であってもあせってしまうものである．子どもが話しやすいように，周囲の子どもへの態度やまなざしが厳しくないか，子どもが伸びやかに過ごしているか，どんな時に怖がったり，不安がったりするような様子があるか，よく観察してみることが大切である．

幼児期の吃音は50～80％くらいの割合で自然によくなるといわれているが，吃音がしばらく続いている（1ヶ月以上），保護者の心配が強い場合は，専門機関への相談を勧める．

関連☞ (52)(53)(55)(59)(60)(87)(88)(89)(91)

| コミュニケーション | 行動と遊び | 睡眠 | **運動** | 身辺処理 | ✓チェック ☐ |

❾❸ 3〜4歳頃　　手先が不器用

田村麻里子

想定される子どもの状況

　3歳になると「何でも自分でやりたい！」ということが増えてくる．また，少しずつ**身辺自立**ができるようになってくる．しかし，ボタンがけができない，はさみを上手に使えない，箸を上手に使えない，蛇口をひねって水を出せない，キャップを開けられない，折り紙を折るのが下手等の**手先の不器用さ**が心配事として多くなってくる時期である．このような子どもは，身体をうまく使いこなせないことが要因として考えられる．しかし，何度も同じ失敗を繰り返す，教えてもできない等から周囲が怒ってしまったり怖い表情で見ていたりすると，子どもは"やってもいいことがない""楽しくない…"とやる気をなくしてしまうこともある．

対応

　身辺自立を生活の中で意識した関わりをすることが大切となる．生活の中でたくさん手や身体を使うことである．できないからやらせないでいるというのではなく，経験をしておくことが大切である．しかし，教えてもうまくなるのに時間がかかる場合が多いので，**スモールステップ**で段階を踏んで長期的に取り組むことが必要である．保育園に通っている場合等は，家と保育園が一緒のやり方で関わると子どもも混乱なくできるだろう．また，手先が不器用な子は転びやすい，三輪車がこげない，お遊戯や体操を音楽に合わせてやることが苦手等の場合がある．手先の事ばかりをやるのではなく，全身を使って身体をうまく使いこなせるような運動も必要である．

フォローの仕方

　手先が不器用，身体の使い方が不器用な子は，周囲からいい評価をしてもらえることがあまり多くない，何事にも消極的になりがちになる．また，静かな子どもだと集団の生活に入った時には，気付いたら取り残されている…ということになってしまう．できていないところを指摘せずに，できたところを褒めてあげながら関わることが今後の成長発達にはとても大切になる．周囲が見守ってあげ，できた時はたくさん褒めてあげよう．前に一度できたからといって，次の時にも必ずできるとは限らないので，根気よく関わることが必要である．ただし，無理強いは避けよう．関連項目にも心配がある場合は，専門機関への相談を勧める．

関連 ☞ 19 45 46 62 63 64 76 79 87 88 89

| コミュニケーション | 行動と遊び | 睡眠 | 運動 | **身辺処理** |

❾❹ 3～4歳頃　　　同じ服しか着ようとしない

京林由季子

想定される子どもの状況

　幼児期には，歩きにくい，おしっこを一人でできにくいからと，冬になってもコートや長ズボンを着たがらない子どもがいる．しかし，どんなに寒くても半袖しか着ない，赤い服しか着ない，同じ形・色の服しか着ない，ボタンが付いている服は着ないなど，極端な服装へのこだわりを持つ場合がある．また，その程度も，一見こだわりとはわかりづらいものから，別の物を着せようとするとパニックになるものまで様々である．

対　応

　子どもが極端な服装へのこだわりを持つ場合には，触覚の過敏さから，布地の厚さや，肌触り等をえり好みしている場合もある．こだわりの背景を明確にし，許容できるところは許容する．そして，遊びや活動の中で子どもが興味・関心を広げていくことにより，子どもの服装への許容範囲を少しずつ広げていくようにする．
　子どもが受け入れられるもの，好きなものを増やす．子どもが好きなキャラクター，マーク等を，子どもと相談しお気に入りの服に付ける等，少しの変化を受け入れられるようにする．
　やりとりをする力を育てる．同じ形・同じ色のお気に入りの服でも，付けるマークの位置や大きさを変えることにより，「○と△とどっちにする？」と着る服を選択させる．

フォローの仕方

　服装へのこだわりが極端な場合，無理強いすることで服装へのこだわりを強固にしてしまうことがある．例えば，先生の指示に従ったり，順番を待つ等の簡単なルールの理解が難しい様子がみられる場合は，専門の相談機関と連携し，子どもの社会性の発達をトータルに支える中で，服装に対するこだわりへの対応を図る．

関連 ☞ 38 40 54 55 95

| コミュニケーション | 行動と遊び | 睡眠 | 運動 | 身辺処理 | ✓チェック |

⑨⑤ 3〜4歳頃　　靴下をはかせても必ず脱いでしまう

京林由季子

想定される子どもの状況

　子どもは大人に比べ体温が高いこともあり，足が被われることを嫌がることが多く，冬でも裸足のままで過ごす子どもは多い．親も外出先から帰ると家庭では裸足で過ごしていたり，保育園等でも裸足で遊ぶことが認められている場合も多いので，子どもにとっては靴下をはかなければいけない状況はあいまいなところがある．

　なお，こだわりが強い子どもの場合には，靴を脱ぐことと靴下を脱ぐことをセットで理解しており，室内で靴下だけを履かせようとすると抵抗を示すこともある．

対　応

　靴下の着脱のマナーを具体的に教える．靴下をはきたくない時の意思表示の方法，脱いだ靴下の後始末，靴下を脱いでいい場所やダメな場所等．

　TPOに合わせた服装について理解できるようにする．「寒いからはきなさい」ではなく，時間や場所が限定される状況（ピアノの発表会，電車に乗ってのお出かけ）や，お出かけ用の洋服や靴とのセットで理解できるよう説明する．

　着衣感や肌触り等に敏感な子どもには，靴下を買う時に実際に触らせて自分で選ばせる．

フォローの仕方

　普段の日常生活では，靴下をはかせることにこだわる必要はない．

　TPOに合わせた服装や衣服の着脱のマナーについては，社会性の発達が必要となる．遊びの内容や他児との関わりが年齢相応に発達しているか確認する．例えば，4歳になっても先生の指示に従うことが難しかったり，ブランコの順番等の簡単なルールの理解が難しい様子がみられる場合は，専門機関への相談を勧める．

関連 ☞ 38 40 54 55 94

✓チェック

| コミュニケーション | 行動と遊び | 睡眠 | 運動 | **身辺処理** |

⑨⑥ 3～4歳頃　ウンチをパンツの中でしかしない

京林由季子

想定される子どもの状況

排泄の自立は，通常，2～3歳頃には確立するが，運動発達の遅れ等がある場合には，排便の感覚や排便に必要な筋肉の未発達のため，結果としてウンチをパンツの中にしてしまう子どももいる．一方，知的発達が良好な場合でも排便の自立が遅れたり，どうしてもおむつやパンツをしないと排便をしないという子どもがいる．便がたまった感覚や，きばる感覚がわからないといった感覚の問題の他，便器やトイレ空間への不安やこだわり等が要因として考えられる．

対　応

毎日便通があるように生活習慣・食生活を整える．

便が出やすい時刻に，一定時間便器に座ることに慣れる．タイマー等を利用し，一定時間座ることができたら褒める．偶然排便できた場合にはより強く褒める．

ウンチはトイレに流すことを理解する．パンツにしたウンチも，トイレで本人に水を流させて褒める．

トイレでの排便の手順を理解する．保護者等が排便する様子を見せたり，トイレの絵本やビデオを利用する．

フォローの仕方

排便の自立には，安定した人間関係の中で，自分の感情やこだわりをコントロールしたり，人に注目して模倣ができる力が必要となる．排便の自立を焦りすぎると，排便へのこだわりが強固になったり，親子関係のゆがみが生じる．発達の遅れや偏りが疑われる子どもの場合には排便の自立まで数年かかる場合もあることを承知し，保護者のつらさに寄り添いながら，子どもの社会性の発達をトータルに見守る．2歳を過ぎても，出る前にウンチを知らせる様子がみられない場合は，専門の機関への相談を勧める．

関連 ☞ 38 54 55 65 67

| コミュニケーション | 行動と遊び | 睡眠 | 運動 | 身辺処理 |

(97) 3〜4歳頃　偏食がなおらない

田中信子

想定される子どもの状況

　好き嫌いが激しく，好きな物しか食べない．嫌いな物は口に入れても吐き出してしまう．食事の時間が楽しくなく，保育園や幼稚園では，食事の時間になってもなかなか食べる準備をせず，食事に向かえない．**偏食**がとても激しい子は，食べられる物が限られていて，特定のメーカーの物や決まったお店の決まった物でないと食べない場合もある．

　要因としては「こだわりが強い」「食品の幅を広げる経験の不足」「摂食障害」が考えられる．

対　応

　食事環境を変えてみたり，食べ物に興味や関心を持つことで，苦手なものでも食べてみようと思えることもある．調理方法が嫌な場合もあるので，食感や盛り付け，匂いや量も工夫してみる．子どもは味覚が変わることもあり，好きだったものが嫌いになったり，嫌いだった物が食べられるようになったりすることもあるので，無理強いせず，食事環境を整えていくことが求められる．具体的には以下の試みを行う．

・友達と一緒に同じ物を楽しく食べる．
・屋外で食事をする．
・野菜等の栽培をしたり，食事作りに参加したりし，食べ物に興味や関心を持たせる．

フォローの仕方

　体重の増減や健康状態を把握し，異常がある場合は医療機関に相談する．

　虫歯からくる偏食も考えられるので，歯の状況を確認し，虫歯や咬み合わせが悪い場合は歯科受診を勧める．

関連 ☞ ㊃㊈

> 嫌いな物を無理に食べさせようとしてはいけない

| コミュニケーション | 行動と遊び | 睡眠 | 運動 | **身辺処理** |

⑱ 3〜4歳頃　食べ物を見た目で判断して食べない

京林由季子

想定される子どもの状況

　この年齢になると，食事にはその子どもの個性があらわれ，**偏食**や**好き嫌い**がますますはっきりしてくる．特定の食材や味というよりも，色や形状，味見知り等から，見た目で良さそうな物は食べるが，嫌な物は食べないという子どもは多い．

　なお，ごはんはのりを巻かないと食べない，サンドイッチは三角形に切らないと食べない，赤い色の物は食べない等，独特のこだわりが極端な場合には，注意が必要である．

対応

　見た目に食べやすいように，また，嫌いな物が目立たないように調理法を工夫したり，食事の量や盛りつけを変えたりする．

　食べ物への興味を持たせる．食べ物の本を読み聞かせたり，人の成長に食べ物が大事であることを説明する．野菜作りや調理を一緒に楽しむ．

　保育園等の集団保育において，友達と一緒に楽しく食事をする経験をさせる．友達と一緒に食事を楽しめるようになることで，友達と同じように食べようとしたり，嫌いな物でも頑張って食べようとする気持ちを育む．

フォローの仕方

　好き嫌いがなおるかどうかよりも，集団保育の中で友達と一緒に食事が楽しめるかどうか，友達を意識し頑張って食べようとするかどうか等，社会性の発達に注目する．

　食べ物への独特のこだわりがあり，社会性の発達も未熟な場合には，専門機関への相談を勧める．また，集団よりも，安心できる場所や安心できる大人との食事が大切である場合もある．

関連 ☞ 41 66 68 85 97

◇◇◇◇◇◇◇◇◇◇◇◇◇◇ **文献** ◇◇◇◇◇◇◇◇◇◇◇◇◇◇

文献

厚生労働省：保育所保育指針解説書，2008．
松田道雄：定本　育児の百科，岩波書店，1999．
神山　潤：子どもの睡眠．芽ばえ社，2003．
睡眠文化研究所，編，神山　潤，監：子どもを伸ばす「眠り」の力．WAVE出版，2005．
熊谷　勇：赤ちゃんなぜ泣くの？．明窓出版，2004．

文献

木原義博：保育士のための気になる行動から読み解く子ども支援ガイド．学苑社，2006．
杉山登志夫，水野　薫，吉田友子：高機能自閉症，アスペルガー症候群入門―正しい理解と対応のために―．中央法規出版，2004．
伴　潔，林　安紀子，橋本創一，菅野　敦：言語・コミュニケーション発達の理解と支援プログラム．学苑社，2008．
橋本創一，大伴　潔，工藤傑史，田口悦津子：特別な支援が必要な子どもの対応マニュアル　インクルージョン保育・幼児教育ミニハンドブック　―障害のある子どもの最適な交流と共同活動体験Q&A―．東京学芸大学：東京，2007．
橋本創一，菅野　敦，大伴　潔，林　安紀子，他：障害児者の理解と教育・支援―障害者との出会いと交流のために特別支援教育/障害者支援のガイド．金子書房，2008．
発達障害学会，監：発達障害基本用語辞典．金子書房，2008．

冊子「健診をすませたお子さんをもつ保護者の方へ」について

幼児健診では総合的に問題なしと判断されたが，関係者にとって「気になる」お子さんが一方で，保護者は様々な場面でわが子に「育てにくさ」を感じる時がある．かかりつけ医療機関等で双方が気軽に話し合えれば，この「育てにくさ」を軽減できるかもしれない．このような趣旨から，私たちは平成18年に冊子「健診をすませたお子さんを持つ保護者の方へ」(A7版の左綴じで，母子手帳に挟んで保管し適宜記入できる)を作成し，東京・三鷹市小児科有志の活動から始め，平成20年4月から三鷹市医師会，三鷹市の協働事業として乳幼児健診を受けた全ての保護者に配布している．

本書は，この冊子の項目に内容に2項目を追加し，保護者の「気」を活かした対応ができるよう具体例を載せている．すでに利用されているこの冊子の活用の実際をご覧いただくことで，本書の活用についてお考えいただければ幸いである．

㊾ 3〜4歳頃　服や手が汚れるのを極端に

想定される子どもの状況

泥水や砂を触ったことがない等，幼児期の遊びの経験が乏しい子ど
それでも3〜4歳頃には，保育園等での経験を通して**社会性**が発達し
の遊びやおしゃべりに夢中になり，服や手の汚れを気にしないように

しかし，ほんの少し食べこぼしがついただけで嫌がり，服を着替え
かったり，手で粘土や糊を触れなかったりする子どももいる．手が
おにぎりやおやつを手で持てなかったり，粘土が手についただけで
など，日常生活に支障が生じる場合もある．

対　応

服や手の汚れを気にしないで，友達との遊びに夢中になれること
手ふきタオルや前掛けなど，子どもが安心して遊ぶことができる
を全部脱いでしまう子どもの場合には，着替えをしてよい場所や匿
手や服の汚れに対処するための行動のレパートリー（手の拭き方
ぬぐい方等）を増やす．

受け入れることのできる感覚から出発し，無理強いをしないよ
麦粉粘土であれば，手にひっつかなくなるまでこねた団子をさわ

フォローの仕方

大人が子どもの手や服の汚れに対して，必要以上に神経質であ
かけをしていないか確認する．

日常生活に支障が生じるようなこだわりの場合は，それがいつ
認し，感覚の過敏さや過去の嫌な経験の有無等を確認する．年齢
られなかったり先生の指示に従うことが難しい等，社会性の発達
場合は，専門機関への相談を勧める．

関連 ☞ ㊳㊺

冊子の活用の実際（3）

保 育 園

　当園（三鷹市立新川保育園）では，入園時の面接で調査票を用いて生活の様子を聞き取り，子どもの課題への取り組みを観察して子どもの状態を総合的に判断している．つづいて保護者と一緒にチェック項目を見ながら，乳幼児健診の際子どもに何か気になることがあったか，子育てで不安なことはあったか確認し，園が保護者に寄り添っていく姿勢を伝えている．

　その時点で気になることがあれば相談に乗り，入園後の様子を見ていく．相談の内容によっては，保健センターの発達相談等を利用できることを伝えている．

　入園前に乳児健診を受けていない子どもがいたら，保護者にその理由を確認し，1歳6ヶ月や3歳等成長の節目に健診を勧めている．保護者がチェック項目を見て子どもの様子で気になることや子育ての不安があれば，健診の機会を待たずに電話でも気軽に相談ができることを紹介している．

　入園後，日常の保育の様子から，保育士が気になった時や保護者が気になると言明した時は，生活の様子や経過について保護者と話し合い，本書の言葉を使って状況をまとめる．保護者と認識を共有することで，現在の状況の要因や家庭で実践可能な対応方法を保護者と共に探ることができる．

　そして，家庭での対応を重ねても改善がみられない時や地域の社会資源を活用した方がより効果的と判断した時には，保護者と再度話し合い，療育センターを紹介してつないでいる．

　もっとも，子どもの気になることは，常に子どもに要因があるわけではない．保護者の子育てに対する不安に起因していることも多い．思い描いた理想通りに育てられないストレスを抱えているような場合には，担任・保健担当・園長が連携をとって面談をしたり，保護者会の際に他の保護者と子育てについて話し合える機会を設ける等して不安の軽減を図っている．また，保健センターで行っている心理相談や保護者同士のグループミーティング等，必要な保健サービスを利用できることを紹介したり，地域の社会資源への橋渡しをしながら育てにくさに寄り添っている．

　日頃の保育中で気になることがあっても保護者との共有が難しいと感じる先生方は多いのではないか．本書は，保護者とともに子どもをみつめ，園が子どもと保護者，家庭を支援する第一歩となるものである．保育園・幼稚園の先生方にはぜひ活用してほしい．

　　　　　　　　　　　　　　　　　　　　　　　　　　　　　　　　佐藤典子

冊子の活用の実際（4）

幼　稚　園

　幼児期の子どもは様々な遊びを体験し，仲間との関わりの中で成長していく．幼稚園に入園し，集団生活を経験することで育っていく力もたくさんある．入園面接，健診等で入園を希望する子どもに「気になる行動」がみられた場合，その行動が経験不足からくるものなのか，子どもの発達によるものなのか，冊子を活用し，子どもの様子をよく観察し見極めていく必要がある．面接では保護者からお子さんの様子をよく聞き，育てにくいと感じていることや，気になることを具体的に話してもらう．他機関に相談をしているかどうかも併せて確認する．保護者が育てにくさや，発達について問題を感じていない場合は，園で気になったチェック項目について具体的に質問し，他のチェック項目との関連性をみながら全体的な発達をみて手立てが必要かどうかをみていく．

　日々の保育の中で園児が不適切な行動を取ってしまったり，友達とうまく関わって遊べない等，気になる行動がみられたり，子どもの発達に疑問を感じたら，冊子のチェック項目から本書の子どもの発達やフォローの仕方を確認していく．送迎時のコミュニケーションや，個人面談，連絡ノートを活用し，家庭での様子と幼稚園での様子を，幼稚園と保護者で伝え合っていく．保護者の気持ちに寄り添う姿勢で対応し，まずは園と保護者との信頼関係をつくり，子育てや子どもの育ちに一人で悩まず，一緒に考えていくスタンスで何でも話し合える関係を築いていく．一緒に考えていくことで保護者の負担感やストレスが軽減され，保護者の安定が子どもの成長にもつながることも多い．子どもの姿は家庭と幼稚園とで必ずしも一致するものではない．家では何でも自分の思いを通さないと気がすまず自我を通してしまう子も，幼稚園だと気持ちのコントロールができる子もいる．反対に家ではききわけのよい子が幼稚園だとここぞとばかりに問題行動を起こしてしまうケースもある．家庭で一人で遊んでいた時には気にならなかったことも，集団に入って見えてくることがあるので，子どもの状況を多面から捉え，情報を共有し同じ視点に立てるようにしていく．言葉かけや関わり方を変えてみたり，適切な環境を用意することで，その子が困らずに心地よく過ごせるようになることもある．子どもの発達を理解し，適切な援助の仕方を早期に発見するためにもこの冊子のチェック項目を活用して何が気になるのかを明確にしていく．幼稚園だけでは解決できず，他機関との連携が必要な場合は，保健センターやかかりつけ医につなげていき，その子にあった支援の仕方を考えていく手段として本書を活用してほしい．

田中信子

冊子の活用の実際（5）

学　校

1．前提となる教員への信頼感―プロの教員に求める姿勢―

　教員は，冊子を活用しようとする際，①子どもの言動，性格等や，保護者の子育てのあり方や教育観等について否定的，批判的な観点からスタートしたアプローチになっていないか．保護者の受け止め方はどうか．②保護者に，育てにくさの背景にあるものを「気付かせよう」という意図や，医療機関等，専門機関に「かからせよう」という意図はないか．保護者に何かをさせようとする意図はないか厳しい視点で自己を分析して臨むことが重要である．

　つまり，保護者とパートナーシップを組んで，学校と家庭それぞれの『教育』の場で，子どもに，より適切で効果的な支援を自ら具体的に行うという教員の当事者意識が大前提となる．

2．保護者とのパートナーシップによる支援―プロの教員に求める態度―

　保護者自身の育てにくさの認識の有無に関わらず，教員は，学校や教室で，具体的で適切な工夫や支援を創造していくための情報を「提供いただく」という態度が重要である．

　教員の指導の困難さではなく，学校生活での子ども自身の困難さの客観的事実を，評価や推測等を入れずに伝える．困難さへの対応の成功例，失敗例も伝える．また，家庭での状況や工夫を尋ねる．支持的，受容的な関係を構築する中で，学校と家庭での認識の相違が相互で確認できる段階まできたら冊子の活用が円滑になる．

　教員は，子どもにとって適応しやすい環境や，受け止めやすい具体的な対応を考案する目的から，教員の知らない乳幼児期の各発達段階でのエピソード等を聞くために冊子を活用することを伝える．各項目ごとに該当の有無をチェックするのではなく，各発達段階の【コミュニケーション】【行動と遊び】【睡眠】【運動】から各項目をあくまで参考にしながら答えの幅を狭めないオープンクエスチョンで，保護者の抵抗がないところから伝えてもらう．一度の面接で全てを「聞きだす」のではなく，数回の面接で保護者の心情に合わせて傾聴する．その内容についてのコメントや解釈は避ける．毎回の面接では，得た情報から学校での具体的な工夫や支援のあり方，保護者への協力依頼，そしてその経過，子どもの成長，発達の状況や課題と今後の対応等を伝える．冊子は，学校では，保護者がわが子の成長・発達の過程を振り返り，学校と家庭が支援のあり方についてのコミュニケーションツールとなることで目的を果たしている．

　　　　　　　　　　　　　　　　　　　　　　　　　　　　　　　　川崎知己

- **JCOPY** 〈出版者著作権管理機構 委託出版物〉
  本書の無断複写は著作権法上での例外を除き禁じられています．複写される場合は，そのつど事前に，出版者著作権管理機構（電話03-5244-5088，FAX03-5244-5089，e-mail：info@jcopy.or.jp）の許諾を得てください．

- 本書を無断で複製（複写・スキャン・デジタルデータ化を含みます）する行為は，著作権法上での限られた例外（「私的使用のための複製」など）を除き禁じられています．大学・病院・企業などにおいて内部的に業務上使用する目的で上記行為を行うことも，私的使用には該当せず違法です．また，私的使用のためであっても，代行業者等の第三者に依頼して上記行為を行うことは違法です．

「育てにくさ」に寄り添う支援マニュアル　　ISBN978-4-7878-1721-1

2009 年 10 月 26 日　初版第 1 刷発行	2017 年 2 月 28 日　初版第 7 刷発行
2010 年 6 月 18 日　初版第 2 刷発行	2024 年 10 月 22 日　初版第 8 刷発行
2011 年 5 月 30 日　初版第 3 刷発行	
2012 年 3 月 30 日　初版第 4 刷発行	
2013 年 6 月 28 日　初版第 5 刷発行	
2015 年 12 月 15 日　初版第 6 刷発行	

監 修 者　小枝達也（こえだたつや）
編 集 者　秋山千枝子（あきやまちえこ）／橋本創一（はしもとそういち）／堀口寿広（ほりぐちとしひろ）
発 行 者　藤実彰一
発 行 所　株式会社　診断と治療社
　　　　　〒100-0014　千代田区永田町 2-14-2 山王グランドビル 4 階
　　　　　TEL　03-3580-2750（編集）　03-3580-2770（営業）
　　　　　FAX　03-3580-2776
　　　　　E-mail：hen@shindan.co.jp（編集）
　　　　　　　　　 eigyobu@shindan.co.jp（営業）
　　　　　URL：https://www.shindan.co.jp/

ジャケットデザイン　ジェイアイ
イラスト　　　　　　北川カズナ
印刷・製本　　　　　三報社印刷株式会社

［検印省略］

© Tatsuya KOEDA, Chieko AKIYAMA, Sôichi HASHIMOTO,
Toshihiro HORIGUCHI, 2009. Printed in Japan.
乱丁・落丁の場合はお取り替えいたします．